如何做
高情商的管理者

[美] 阿黛勒 · B. 林恩◎著
(Adele B. Lynn)
李菲◎译

THE
EMOTIONAL INTELLIGENCE
ACTIVITY BOOK
50 Activities for Promoting EQ at Work

文化发展出版社
Cultural Development Press

图书在版编目（CIP）数据

如何做高情商的管理者 /（美）阿黛勒 · B. 林恩著；李菲译. — 北京：文化发展出版社有限公司，2017.8
ISBN 978-7-5142-1867-1

Ⅰ. ①如… Ⅱ. ①阿… ②李… Ⅲ. ①组织管理学 Ⅳ. ①C936

中国版本图书馆CIP数据核字（2017）第190470号

版权登记号：01-2017-5318

如何做高情商的管理者
［美］阿黛勒 ·B. 林恩　著　　李菲　译

出 版 人：武　赫
责任编辑：肖润征
出版发行：文化发展出版社（北京市翠微路2号　邮编：100036）
网　　址：www.wenhuafazhan.com
经　　销：各地新华书店
印　　刷：北京嘉业印刷厂

开　　本：700mm × 980mm　1/16
字　　数：249千字
印　　张：18.5
印　　次：2017年10月第1版　2018年6月第3次印刷
定　　价：45.00元
I S B N：978-7-5142-1867-1

目　录

什么是情商?

人们对能够促进人大有作为的因素不再是一无所知了。我们对神经学以及让人们事业获得成功的因素的相关研究进行了25年多，这些研究使得我们对人拥有的天分有了更深入的了解。各行各业的人在各自领域里的业绩数据开启了一个新的研究领域——情商（EQ）。这些年的研究，让我们了解了那些能让我们在工作中取得成功的“无形的东西”——情商。情商解释了在才智、所受的教育以及行业经验相当的情况下，为什么有的人能够获得成功，而有的人却不能。

有些极富才智、经历丰富，而且受教育程度高的人，事业并未获得成功，这样的事例我们见到过很多，更糟的是，这些极富才智的人在创业的过程中，还会因自己处理不当让事业处于被动，甚至毁掉它。那些跟着他干的人不能团结在他周围，创造力和工作活力低下，对工作失去热忱，甚至因企业的问题而经常担忧自己的前程。当然，唯一的解决办法就是“送他们去培训班”，让这些极富才智的人继续学习管理经验。但培训班也不管用，因为这样的培训无法触及企业内部的关键问题，这才是主要的麻烦之处。并且，培训的内容和方式也都是大同小异，并不是针对个人遇到的问题而设计的。

丹尼尔·戈尔曼、罗伯特·K. 库珀、艾曼·萨瓦夫和罗伯特·E. 凯利所做的著名实验已经让人们了解了情商的特性，并且可以让工作人员在条件允许的情况下对接受实验的人的情商进行测量。某些人在办事方面能力强、效率高，这不是偶然的。各行各业，从客服代表到公司高管，都有这样的人。关于人“软技能”的不可计量不再是我们要讨论的话题，不过，作为心理指导员，我们必须找到合适的方式，去创造被那些专家称作情商的才能。

那么，要提高情商需要具备什么才能呢？想知道这个问题的答案，我建议你去看以下专家的作品。任何想要得到情商训练的人都必须熟悉以下作品的内容：

- ■ 丹尼尔·戈尔曼《情商》
- ■ 罗伯特·K. 库珀和艾曼·萨瓦夫《管理者的情商（EQ）》
- ■ 罗伯特·E. 凯利《怎样成为职场明星》

为了让你们了解普通员工的情商在职场上的作用以及相关知识，我还向你们推荐自己的作品：

- ■ 阿黛勒·B. 林恩《寻求尊严——职场员工如何与上司建立互信关系》

尽管各位专家的相关建议、使用的案例以及对这个主题的讨论深度不一致，但这些作品的主题都是相似的。因此，你们首先要做的最重要的事就是仔细阅读专家们的作品。

情商——定义

简而言之，情商就是指我们控制自己和处理与他人关系的能力。无论是在生活中还是在工作中，我们都会遇到各种机遇和挑战，而情商是我们辨认正确的方向并朝机遇前进的指南针，而且如果在生活中遇到了艰难的挑战，它还能让我们轻松去应对。

生活中遇到了酸楚，情商能够让我们将这份“酸”酿制成“柠檬汁”，缺乏情商，我们就得自己忍受“酸”的痛苦。情商能帮我们建立融洽和谐的人际关系，有了情商，人与人之间就不会冷漠；有了情商，百无聊赖的生活就会变得多姿多彩；有了情商，彼此隔离的人们就会拉近距离；有了情商，孤独无助的我们就能找到同心协力的伙伴。

情商赋予我们的能力多种多样，可以让我们控制好自己的内心世界，让自己对外界刺激做出恰当反应，还能提高我们为目标而奋斗的积极性，让我们为达到自己的目标和梦想而努力。情商能让我们合理掌控情绪表达的时间，而合理控制情绪，能让我们与他人产生情绪上的共鸣。情商还能让我们与他人建立友好的社交关系，让我们养成诚实而正直的个性。无论是内心还是外在的冲突，情商都能让我们坚定立场去面对、解决。情商还能产生一种人际影响力，让我们更容易达到目标。所以说，对我们而言，情商是无价之宝。

而在商场上，我们都强调人的智商，所有分析推理和调查都要依靠智商去完成。毫无疑问，我们要在商场上取得成功，智商高也是必需的条件。通过分析得出金融决策，依据事实和数据而推出完美策略，这都需要极高的智商。不过，在商场上要获得更高级别的成功，我们必须兼备高智商和高情商。情商能够帮我们凝聚人心，提高斗志，提高我们的创造力，在团队合作的时候提高我们与别人合作的能力，通过复杂的人际关系加快信息的分享，引领着我们朝目标和梦想前进，激励我们的跟随者做出最好的表现。

需要情商的商业案例有很多。根据现今的很多项研究显示，各行业领域里，情商高的人远胜过情商不高的同行。例如，美国空军通过情商测试去征兵，很快就成功招聘到了合适的人，这样比原来不测试情商时快了 3 倍，每年节省了 300 万美元的资金；一家跨国咨询公司里，根据情商和其他三项指标水平聘用的员工，比他们的其他同事多赚了 120 万美元——利润增加了 139%（博亚特兹，1999 年）；知名化妆品品牌欧莱雅，那些情商较高的销售代理比情商较低的销售代理多获得了 91 370 美元的利润，净利润增加了 2 558 360 美元，那些情商较高的代理在第一年的工作期里的失误率也比其他代理少 63%（斯宾塞兄弟，1993 年；斯宾塞、麦克莱兰、克尔纳，1997 年）。想要了解更详细的商业案例详情，请咨询罗格斯大学组织机构里的情商调查协会的专家，如卡里・彻尼斯博士。

每一天，无论在哪里的工作场所，人都是会表露情绪的。情绪是一种能量，学着控制这种能量，用它给职场上的人造成积极的影响，这一门课程我们还有很多需要学习的。有的领袖型人物在这方面表现得非常优秀，是值得大家学习的榜样和典范，这样，为了获得成功，更多的领导者必须学着去掌握控制这种能量的能力，因此，我们必须学会培养情商。本书就是帮你们学习这方面内容的启蒙之书。

情商的定义

以下数页的内容解释了情商的某些方面，但不是整体的含义（50 种方式不可能涵盖情商的所有内容）。这一部分的测试练习主要包括发展以下天赋：

1. **自我意识和自我控制**——这一项包含两种不同的技能。自我意识要求人对自我和自己的情绪有深入的、准确的了解，还需要能够预测自己对各种不同情况做出的情绪反应，并理解这些反应产生的由来。一个能够分辨自己情绪的人也很明白自己的价值观与核心信念，并且知道对这些核心成分的妥协所造成的影响。自我控制就是完全掌控自己的情绪。人控制了情绪，积极的情绪和消极的情绪都能得到释放和排解，倘若情绪控制了人，那么人的情绪就无法得到释放和排解。能够分辨并掌控情绪的人能够对自己的情绪反应做出安排，这样能够把效率最大化。

2. **与他人产生共鸣**——这需要我们了解别人对不同事情的看法，并且还要知道别人对不同情境的感受。它需要我们理解别人看待事物的观点，并且我们还要能够按照对方的价值观和信念系统去看待事物。这也就是说，我们有自己的意见和想法，但还要能够接受别人的看法。理解他人感受，并对他人的情绪产生共鸣，这既需要认知上的理解，也需要情绪上的协同。它要求我们考虑到别人产生感受和想法的理由，并且还要让自己在精神上对他人的感受和想法产生共鸣。

3. **社交能力**——这是一种基于平等而跟人建立稳定关系的能力。它让人们真诚地表达情感，即便是在冲突之中，也能够帮助人们稳定关系而不是毁坏关系。社交能力还能让我们根据自己与他人的情绪共鸣选择恰当的行为方式，让我们对他人遇到的各种境况表示关心、支持和在乎。拥有社交能力的人，能够敏锐而精准地把握住那些成文的和不成文的社交规则。在不触及核心信念或价值观的情况下化解纠纷，是非常重要的一种社交技能。社交能力强也能让人在需要帮助的情况下及时找到所需要的东西。

4. **人际影响力**——人际影响力就是通过自身的言行举止激励、鼓舞他人的能力，这种能力能够通过社交而培养形成。人际影响力是一种认清情况，并运用领导者的力量，让事情往自己所希望的方向发展的能力。它还是一种应对能力，让我们面对那些重要的，能够对我们的人际关系、梦想和任务产生消极影响的问题。除此之外，人际影响力还能够让别人了解自己的愿望和目标，以及核心价值观和信念。

5. **坚持原则，把握梦想**——我们有能力通过个人的意志力去确定自己将来努力的方向。确定这个方向也是把握梦想的基本条件。这种能力就是我们“内心里的指南针”，引导着我们的言行。这“内心里的指南针”还能让我们有勇气去克服艰难险阻，它是我们内心里的动力来源，是我们梦想的守护天使。它能让我们明白自己究竟是怎样的人，提醒我们应该怎样生活。如果我们的言行是按照它的指引去做的，我们就会有踏实感；反之，我们就会觉得很有压力、很难受。

帮助管理者提高情商的指南

要帮助管理者培养情商，选择好的导师是很有必要的。培养情商是一辈子的事，在导师的帮助下，要六个月到一年的时间，才能让一个人入门，因此，任何希望培养员工情商的组织机构都必须准备为此做长期的努力。只有导师才能让人在最初的六个月到一年的时间里有这样的进步。接受导师的培训，导师会了解学生的强项、弱点，以及其情商的强弱。此外，如果导师能够对学员做出足够的反馈，并提醒学员应该如何改掉缺点，那么他们的成长也是指日可待的，这也是导师最珍贵的法则。作为导师，训练学员的时候可以使用以下的方法：

第一步　导师跟学员相处的时候，时时都要使用自己的情商。

第二步　导师帮助学员对自己进行诚实评估。评估的资料和方式可能各不相同，导师必须能够取其精华，去其糟粕。而且，导师还必须熟悉每个人表现诚实的不同方式，如果有人的自我意识还不够强烈，无法提供有效而准确的信息，导师必须能够发现这一点。

第三步　导师帮助学员仔细思考他们现在持有的观念和所做出的行为，帮助他们辨认那些对他们有益的思想观念和行为，并且帮他们分辨可能干扰他们做出有益行为和思想的因素。

第四步　导师帮学员找到切实的策略，以改变他们那些消极的思想观念和行为举止，还要让他们知道应该怎样做出改善。

第五步　导师引导学员换一种思维方式，可以通过其他同行、书籍、导师或专家。

第六步　导师让学员建立全新的、能够更好地适用于他们及其同事的观念和哲学理念。

第七步 导师帮学员将自己的新观念转变成真正的行为，鼓励他们在工作中经常使用这些全新的行为模式。

第八步 导师寻求其他人帮助，为那些希望改变的学员提供强有力的支持。

第九步 导师通过评估或其他方式检验成果，一定要确保跟学员分享这些成果。

第十步 学员接受了新的观念，行为方式得到了改善，导师观察到后，应为学员努力取得的成效而喝彩，并继续鼓励他们。

什么情况下需要这份指南，什么情况下可以不用

■ 对自己做出评估是学员的一个重要成长阶段，但不是所有的评估都是真实合理的，作为导师，你必须判断评估内容的准确性。此外，导师应让学员不断地对自己进行评估，并对他们的评估进行反馈。

■ 本书精选的这些训练内容也要根据你所训练的人而定。换言之，你要根据学员的情况选择合适的方法。

■ 本书的内容仅用于教学使用，这些内容可以用于课堂或其他私人培训场所。它们能帮助学员回顾自己的管理学知识、管理学理念以及自己曾经受过的管理训练，并用这些内容来指导自己的管理行为。

■ 作为导师，你应该对本书的内容有自己的判断，使用一定要当心。不是所有的管理者都在同一条水平线上，因此，本书中的测试都有高、中、低（H、M、L）难度之分。

■ 不管这些训练是群体性的还是单独的，导师都应考虑其是否合适。有的机构组织并没有提供公开的大众环境，因此这些训练若是导师单独与被测试者一起完成要更合适。

■ 为方便读者，我们已经将那些适合集体合作完成的训练放在了一起，并且也提供了相关的训练样本供读者参考。但要记住，集体训练中，并不是所有的参与者都在同一条水平线上。因此，在策划训练项目的时候，将这一点考虑进去很重要。

■ 不要将本书的内容当成所有管理者成长的代名词。管理人员还需要学习怎样决策，学习解决问题的技巧以及策略性思维方式的理论知识等。但除了上述技巧之外，以下我们提到的这些训练，还包括管理者需要学习的其他必要技能。

■ 除了本书中的这些训练，还要加上其他有助学习的训练活动。本书中的训练内容并不是，而且也不能是提高情商的唯一途径。

■ 作为情商的导师，你必须是学生的一面镜子。有时候，学员下意识对自己的评价是有缺陷的，这时候，你的角色承担的职责就增加了，你还必须让你的学员从课堂外了解能够促进他们成长的内容。学员的雇员、其他学员和他人对学员的评价也是你提供给学员的信息的一部分。

■ 作为情商导师，请务必不要在别人没准备好的时候逼迫他参与课程。

■ 如果要提高情商，检测成果是很重要的。每一项训练后设计的问题都是为了让学员回顾学习内容，读者还可添加自己认为能够有助于学习的问题。导师要经常问学员，通过训练，学员有没有改变自己的工作模式。

■ 记住一些基本的知识，如迈尔斯－布里格斯性格分类法和学习方法。有的人性格内向，喜欢独立思考学过的内容，而外向型个性的人则喜欢通过讨论来消化知识。作为导师，你需要对症下药，根据人们的脾性选择合适的方法。以下文段中那些单独训练的方式，所有人都很容易接受。

■ 提高情商的训练和活动，学员需要记住理论知识，然后将这些知识运用到实际工作中，拓宽或者改变自己的管理哲学（哲学理论会导致行为的改变）。这种改变不会突然发生，学员要一直接受导师的指导，一直按导师的方法学习，不断地更改和巩固自己的管理哲学知识，这种改变才会发生。

■ 不要期待残暴的匈奴王阿提拉能变成圣雄甘地，但是，请相信人一定会取得进步。情商提高的关键就在于不断让学员重新思考自己所奉行的管理原则，然后支持学员根据新的思维方式做出新的行为。

■ 要掌握提高情商的技巧，学员应不断地重复使用高情商行为，导师也应尽可能频繁地去训练，以巩固这些技能。从理论上而言，导师应该支持学员所在的组织机构内的其他成员对学员提供帮助，尤其是学员的上司，要帮学员巩固这些高情商行为，让这些行为成为学员的习惯。

50 种提高情商的活动指南

情商训练	原文页数	难度系数	情商能力				
			自我意识和自我控制	与他人产生共鸣	社交能力	人际影响力	坚持原则，把握梦想
1．重视和不重视	19	M	√		√		
2．重视程度	25	L	√	√	√		
3．为提高重视程度而努力	31	L		√	√	√	
4．给你的员工分等级	37	H	√	√	√		
5．要求回馈	43	H	√	√	√		
6．按自己所想的行事	47	L			√		√
7．个性竞争	53	L	√	√	√	√	
8．工作氛围	57	M		√	√	√	√
9．情绪管理	63	H	√	√			
10．坦诚友善与真正的友好	69	M		√	√		√
11．倾听的习惯	73	M	√	√	√		
12．真正的倾听	81	L	√	√	√		
13．协调与员工的关系	85	M	√	√	√		
14．得到欣赏和重视	89	L	√		√	√	
15．感恩的心	95	L	√		√		
16．天赋才干	101	L			√	√	
17．是的，不过……	107	M					√

续表

情商训练	原文页数	难度系数	情商能力				
			自我意识和自我控制	与他人产生共鸣	社交能力	人际影响力	坚持原则，把握梦想
18. 表达欣赏和感激时常犯的错误	111	H	√	√		√	
19. 表示感谢	119	H	√	√	√	√	
20. 偏心	125	M		√			√
21. 公平分配	131	H		√		√	√
22. 尽职的老板和上司	137	H	√	√		√	
23. 行为反应	143	M	√	√		√	
24. 坚定立场	147	H				√	√
25. 我重视，我们就重视	153	M	√			√	√
26. 奉献精神的“杀手”	159	H	√	√		√	
27. 你对我有什么意见?	165	H	√	√		√	
28. 远见卓识	169	L	√			√	√
29. 我的梦想	175	M			√	√	√
30. 鼓舞人心的言语	179	H				√	√
31. 与人共享你的梦想	183	M				√	√
32. 谁设定目标?	187	H	√			√	
33. 员工也有自己的梦想	193	H	√		√	√	
34. “期望杀手”	199	H	√	√		√	
35. 从领袖的故事中汲取经验	205	L	√				√
36. 为梦想而努力	209	M				√	√

续表

情商训练	原文页数	难度系数	情商能力				
			自我意识和自我控制	与他人产生共鸣	社交能力	人际影响力	坚持原则，把握梦想
37. 团队成员的建议	213	H	√			√	√
38. 一步一步为目标而努力	219	M				√	√
39. 为梦想添加能量	223	M	√			√	
40. 自我想象	227	M				√	√
41. 最佳与最糟状态给你的经验教训	231	H	√			√	
42. 我才是主角	237	H	√				√
43. 内心的力量	243	H	√			√	√
44. 控制欲和赋权	247	H	√	√		√	
45. 成长步骤	253	H	√				√
46. 阻碍你成长的“精神杀手”	259	H	√				√
47. 你最优秀的自我	265	H	√				√
48. 你的管理者“徽章”	271	H	√				√
49. 更多思考	275	H	√				√
50. 想象的力量	279	L	√				√

推荐训练模式

推荐的训练模式只是让你们了解，根据你们学习的内容使用怎样的方法，将你们学习的内容和方法联系起来。我强烈建议，你们还应根据各自团队的组成来区别这些模式。此外，学习的时候还可以借助光盘以及其他学习工具。

模式 A——情商入门——0.5 天

主题：这部分内容主要是介绍情商的基本概念，它是为想要了解情商是如何影响工作的管理者而设计的。学员将：

1. 认识到每个人在工作中都会用到情商，而且情商的高低程度都会受到上司或领导的影响；
2. 了解到情绪对行事能力和行事效率的影响；
3. 思考管理者怎样在工作中找到表达感激的理由，他们为什么要这么做；
4. 学习怎样创造积极的团队氛围。

入门活动 / 介绍		15 分钟
情商 #1	重视和不重视	40 分钟
情商 #15	感恩的心	40 分钟
情商 #16	天赋才干	40 分钟
休息		15 分钟
情商 #50	想象的力量	每人 50 分钟至 60 分钟
简要总结		**15 分钟**

模式 B——情商的基本要素——1 天

主题：这一天的训练让学员了解情绪表达会怎样影响工作，还能够让人了解管理者的情绪会怎样影响他的团队，并教给管理者一些在工作场合恰当地表达情绪的方法。学员将：

1. 认识到每个人在工作中都会表达情绪，并且这些情绪都会受到领导者或上司的影响；
2. 了解到情绪对行事能力和效率的影响；
3. 思考领导者怎样在工作中找到表达感激的理由，他们为什么要这么做；
4. 分辨自己在工作场合表达的情绪，并弄明白这些情绪对团队的影响；
5. 学会那些能帮助提高整个团队工作能量和质量的情绪表达方式。

入门活动 / 介绍		15 分钟
情商 #1	重视和不重视	40 分钟
情商 #4	给你的员工分等级	50 分钟
休息		15 分钟
情商 #3	为提高重视程度而努力	55 分钟
午餐		
情商 #15	感恩的心	40 分钟
情商 #16	天赋才干	40 分钟
休息		15 分钟
情商 #9	情绪管理	85 分钟
简要总结		**15 分钟**

模式 C——情商策略——2 天

主题：这两天的活动能让学员初步了解到情绪是如何影响工作的，还会让他们了解到自己的情绪会如何影响整个团队，并让学员了解该怎样在工作场合表达情绪。此外，这些活动还能帮助学员确立自己的目标和梦想，学员将：

1. 认识到每个人在工作中都会表达情绪，而且情绪表达都会受到领导者或上司的影响；

2. 了解到情绪对行事能力和效率的影响；

3. 思考管理者怎样在工作中找到表达感激的理由，他们为什么要这么做；

4. 学会分辨自己在工作场合表达的情绪，并了解这些情绪表达对团队的影响；

5. 为学习能增加整个团队行事能力和效率的情绪表达方式建立参考模式；

6. 测验自己在工作场合所持有的引导行为的信念和价值观；

7. 评估自己的信念和价值观，哪些对自己的管理方法有积极的影响，哪些有消极的影响。

第 1 天

入门活动 / 介绍		20 分钟
情商 #1	重视和不重视	40 分钟
情商 #2	重视程度	65 分钟
情商 #3	为提高重视程度而努力	55 分钟
午餐		
情商 #15	感恩的心	40 分钟
情商 #16	天赋才干	40 分钟

休息		15 分钟
情商 #9	情绪管理	85 分钟
简要总结		**15 分钟**

第 2 天

情商 #28	远见卓识	50 分钟
情商 #8	工作氛围	140 分钟
休息		15 分钟
情商 #29	我的梦想	30 分钟
情商 #30	鼓舞人心的言语	40 分钟
午餐		
情商 #24	坚定立场	45 分钟
休息		15 分钟
情商 #48	你的管理者“徽章”	每人 40 分钟至 45 分钟
简要总结		**15 分钟**

*让学员只关注一个方面——他们希望自己的团队成为怎样的团队，以及他们在团队内部希望营造怎样的氛围。

情商 #1

重视和不重视

情商训练目标

√	自我意识和自我控制
	与他人产生共鸣
√	社交能力
	人际影响力
	坚持原则，把握梦想

主题

■ 帮助学员了解某些管理者过去表达的情绪。

■ 分辨清楚那些管理者为表达情绪而做出的行为。

预计用时

40 分钟

材料

情商训练 #1

难度系数

中等

导师教学指导

本次活动旨在让学员了解管理者对下属的影响。回忆自己在工作中遇到的相关的积极和消极事例，我们可以看出，管理者对自己能够影响并改善工作环境的能力非常敏感。本次活动能够让学员检测自己的情绪环境，并对此建立自我意识。

这次活动时，可以开始讨论管理者对下属的重视和关注，对下属有多么重要。

教学指南

	大致时间
1. 综述	**1 分钟**

A．向班级学员解释，为了获得高产能、高创造力、高质量，员工必须相信自己所做的事情是很重要的。对大部分人而言，如果他们认为自己所做的任务并不重要，那他们就会很难投入自己的任务，甚至认为自己接到的任务是无法完成的。

B．还要向他们解释，不只是要让员工觉得任务很重要，还要让他们觉得做任务的人也很重要，这样他们才能够做到最好。“除了要让员工重视自己的任务和事业，还要创造这样的环境和氛围，让你的员工认为你觉得他们很重要。”

2. 目标 **1 分钟**

本次训练的目的就是帮你们回顾，你们的上司非常重视你的时候，此外，还有那些你自认为不受重视的时候，想一想，你觉得不受重视时，这种感觉如何影响了你在工作中的发挥，让你没有发挥出全部的潜能。

3. 给予指导 **3 分钟**

A．让学员做训练 #1。

B．让学员完成后面的表格，在空白处写下他们感觉自己很重要或一点也不重要的事情。问问他们曾经遇到过的老板或上司，他们做出了怎样的行为让你觉得自己很重要或一点也不重要。

C．让学员想一想，以前的老板所做出的让他们觉得自己和自己的工作很重要的行为。

D．给学员举出一些事例：

优秀行为的事例：

■ 我在听到小道消息之前就听他说了加薪的事情。

■ 员工会议的时候，他总是跟我用眼神交流。

■ 他把我的工作情况告诉了总经理。

愚蠢行为的事例：

■ 他没有告诉我，公司将解散我所在的部门，我是从门卫那里听说的。

■ 除非是会议结束时有空，他从不过问我负责的项目或任务。

■ 我提出改善建议的时候，他总是很快回答说："不用，我们还有更好的选择。"他甚至都不听一下我想说的究竟是什么。

E. 让学员回忆一下，组织团队内部的人对他们做出的评价和行为。

F. 让学员完成练习，回答他们的提问。 **12 分钟**

4. 用以下问题结束练习 **20 分钟**

A. 你的上司或老板做出"聪明"的行为时，你有什么样的感受?

B. 你的上司或老板做出"愚蠢"的行为时，你有什么样的感受?

C. 你认为这些行为对你的行事效率有影响吗? 对你做事的创造力有影响吗?

情商训练 1

回忆你过去的工作经历，你觉得自己什么时候很优秀？什么时候很愚蠢？回忆一下，你的上司的哪些言行让你觉得自己很重要？哪些言行让你觉得自己一点儿也不重要？“重要”的事例可能是：他邀我参加晨会；在我听到小道消息之前，他亲口告诉我将要加薪了；员工会议的时候，他总是跟我用眼神交流；他把我的工作情况告诉了总经理。那些“不重要”的行为可能包括：会议时，他从不理睬我，但总是用眼神跟其他人交流；他没有通知我即将解雇员工，还是门卫告诉我的；直到会议结束时，他才会顺便问一句我的工作状况；我提建议的时候，他总是很快回答说：“不用了，我们有更好的选择。”

让人觉得自己很重要的事情	让人觉得自己一点儿也不重要的事情

情商 #2 重视程度

情商训练目标

√	自我意识和自我控制
√	与他人产生共鸣
√	社交能力
	人际影响力
	坚持原则，把握梦想

主题

■ 让学员明白，他们在管理过程中，可能对某些员工特别偏爱而非常关注这些员工，却忽略了其他员工。

■ 让学员知道，应该怎么做才能让员工知道自己在工作中的重要程度。

预计用时

65 分钟

材料

情商训练 #2

难度系数

低等

导师教学指导

这次训练旨在让管理者明白，应该怎样做才能让雇员觉得你重视他们。本次训练中的图示明显地显示出，在同一家工作单位中，管理者对不同的员工及其工作的重要程度的认识是不一样的。

这次训练鼓励管理者将员工当作独立自主的个人，还能够让管理者明白该给予下属什么，才能让他们做到最好。

高情商的管理者能够准确把握他人的感受和观点。这次训练时，导师可以要求学员从雇员的视角去看待问题，以帮助他们建立这种能力，让他们也能够明白雇员的感受和观点。

学员通常会提出这样的问题："为什么雇员总认为我不重视他们？"作为导师，你要向他们强调，这次训练是关于与他人产生共鸣的，即要训练他们从员工的视角看待问题。因此，如果领导者不能按员工的视角看待问题，那么他就很难理解以上的问题。

教学指南

	大致时间
1. 综述	**2 分钟**

A．向学员解释，在工作中，可能会更重视某些人或任务。如果意识不到这一点，管理者可能会无意识地创造一种让整个团队不同心协力的氛围。“每一天，你都有无数的机会对员工的工作做出积极或消极的评价，肯定或否定他们在工作中的重要性。例如，如果你对一个员工的状况非常关心，而对另一个员工不予理会，那么，员工就会认为你不重视第二位员工。”

B．导师还要向他们解释，作为管理者，提高对员工工作的重视程度是很重要的。你还得有这样一种观念，即所有的工作都是同等重要的，这是不容忽略的。无论是门卫还是总经理，你都应让他们知道，自己的工作是很重要的。

2. 目标 **1 分钟**

这次训练的目标就是要让学员想到每一个为你们工作的员工，然后，要真正证明：（1）你对每位员工的工作是多么重视；（2）你对每位员工是多么重视。

3. 给予指导 **3 分钟**

A．让学员做训练 #2。

B．在重要程度列表的左侧依次写下在职员工的名字。

C．让学员回顾一下，每一天都做了什么让员工认为自己和自己的工作很重要的事情。

D．让学员在列表右侧画下一条线，表明他们对每一位下属的重视程度。

E．作为示例，让学员思考以下问题：

（1）你多久关心一下员工的工作状况？

（2）你认为，员工对自己的工作期望值高不高？

（3）你上次向员工咨询工作建议是什么时候？

（4）这名员工是第一次还是最后一次听你在工作场合说重要的进展？

F. 提醒学员要认识到，只有对员工的情况感同身受，学员的管理行为才会更加合理。导师在讨论过程中必须理解学员的心理。例如，要告诉学员，你理解，他们事务繁忙，有很多事需要处理，所以很难及时给予员工所需要的关注。

G. 让学员完成表格，并回答他们提出的问题。 **10 分钟至 20 分钟**

4. 用以下问题结束练习 **40 分钟**

A. 你的员工是都有所作为还是一事无成？

B. 在你眼里，某些员工是不是比其他员工更加不重要？

C. 你认为你对员工在单位里的重要程度有怎样的影响？

D. 你认为怎样的行为，能够增加员工在单位里的重要程度？

E. 你认为怎样的行为，会减少员工在单位里的重要程度？

F. 如果所有的员工都很空闲，你认为会出现怎样的情况？

G. 如果所有的员工都很忙碌，你认为会出现怎样的情况？

H. 除了你作为管理者的言行举止能够影响员工，你认为还有谁能够影响员工在工作场合的重要程度？

I. 为了让员工认为自己很重要，你还能请求谁帮忙？

注意：问答的过程中，要让学员明白，虽然他们努力了，但是还是会有员工觉得没受到重视，所以，还要鼓励学员经常安抚员工，让员工觉得自己是很重要的。虽然每个员工做出的反应可能不同，但这样做总是没错的。

附言：如果你是在给班级上课，那就将学员分成三到四人一组。然后，在活动挂图上写出以上第 4 部分的三到四个问题，要求学员分别讨论这些问题。

情商训练 2

如果你的员工都有重要程度测量器或指示器，那你就能看到他们在你的工作中的重要程度。这些指示器会显示怎样的数据？在左侧写下员工的名字，然后在右侧的图案中画下一条线，代表你认为他们在你的工作中的重要程度（左侧 E 表示最不重要，F 表示最重要）。你的员工重要还是不重要？

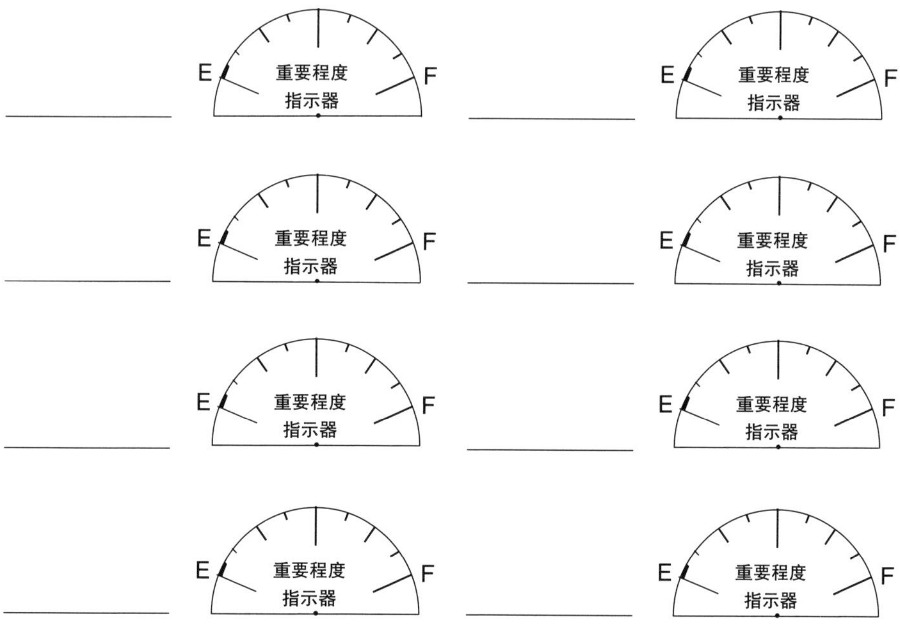

情商 #3

为提高重视程度而努力

情商训练目标

	自我意识和自我控制
√	与他人产生共鸣
√	社交能力
√	人际影响力
	坚持原则，把握梦想

主题

■ 让学员了解，上司对员工的工作重要性的评价，员工是怎样看待的。

■ 让学员学习人们认为自己和自己的工作很重要的领导策略。

■ 增加管理者与下属之间的情感联系。

预计用时

55 分钟

材料

情商训练 #3

难度系数

低等

导师教学指导

这次训练旨在让学员学会该怎样激励和鼓舞员工。让每一个员工都觉得自己和自己的工作很重要，在一个组织机构中，这是很有必要的。管理者的社交能力决定了他们跟下属之间的关系好坏，拥有社交能力这项情商技巧的管理者也明白，这是能让他们事业顺利的必要条件。

这次训练是为了让学员坚定信念，多多鼓励员工，重视员工的工作和付出。教导学员的时候，要尽可能详尽地向他们解释，这一点是很重要的。本次训练的目的是让学员在鼓励员工时，要具体，不能模糊。例如，与员工交流时，情商得到了提高的管理者会说："我去玛丽那里看看，问问她下周的时事通讯该怎么做。"而情商没有提高的管理者则会说："啊，玛丽很重要。"后者的话语太模糊，这样的管理者虽然经过了训练，但没有获得进步。

教学指南

	大致时间
1. 综述	**2 分钟**

向学员解释，情商可以通过工作中的言行举止体现出来。高情商的管理者的言行可以感染下属，优秀的管理者会让员工觉得自己非常重要。跟学员说明，这个没有固定的行为模式可以套用，相反，管理者必须掌握特定的手段来让员工觉得自己很重要；还要向学员说明，面对不同的员工，要用不同的方式让他们觉得自己很重要。“为了让员工全心投入工作，作为管理者，你必须找到合适的方式，让每位员工都觉得自己很重要。管理者的职能之一就是为你的员工的‘重要度测量表’增加能量。”

2. 目标　**1 分钟**

这次训练旨在让学员找到合适的方法，让属下的员工产生自己很重要的感觉，激励员工进步。这次训练，学员一定要想想，什么样的行为能让你的员工觉得自己很重要，因为只有觉得自己很重要，员工的办事能力和效率才会提高。然而，每一个员工都是不一样的，因此，作为管理者，你面对不同的员工要采用不同的策略。

3. 给予指导

A．让学员做训练 #3。

B．让学员在笔记本上写下每个员工的姓名。

C．让学员想一想自己怎样做才能让每一位员工都觉得自己很重要，在每一位员工的姓名后写下具体的行为。

D．让学员考虑以下两种行为：

（1）让员工觉得自己有价值的行为。

（2）让员工觉得自己的工作有价值的行为。尤为重要的是，学员应花一点儿时间去想一想，自己要求员工去做的普通的任务，还应该要问问自己，他们是如何看待这些普通任务的重要性的。

E．给学员举一些例子，让他们说说他们会怎样做，尽可能说具体，如：

（1）下周我将问问玛丽对时事通讯的意见。

（2）下次员工会议时，我将让乔说一说他改善操作系统的工作进行得怎么样。

（3）我要问一下哈里特，下周有一名客户要过来，问问她愿不愿意带客户参观厂区。

（4）下次员工会议时，我会把隔壁公司的某某项目情况告诉员工。

F. 让学员完成前面笔记本上的工作，并回答他们提出的问题。

15 分钟至 20 分钟

G. 让学员分成四人一组，让他们讨论自己在训练中写下的特定行为做法，让每一组员工表演以上训练写下的几种行为。导师在某些特殊的示例时要给予分析和指导，鼓励学员听取可能使他们的员工受益的意见，并把这些意见记录在相应的员工名字后。**15 分钟**

4. 用以下问题结束练习 **20 分钟**

A. 举出一些事例，证明你写下的行为曾经让员工认为自己很重要。

B. 为什么对每一个员工，你要采取不同的行为策略？

C. 要增加普通事务的重要性，你能够怎样做？

D. 从你写下的曾经让员工感觉到自己的工作很重要的行为中，你收获到了什么？

E. 如果你真的按你以上所写的去做，你会有怎样的收获？

F. 如果你真的按你以上所写的去做，你认为员工会有怎样的收获？

G. 你打算什么时候真的实施这些策略？

情商训练 3

写下你的员工的名单，并在他们的名字后写下相应的能够增加他们觉得自己很重要的感觉的行为。你认为你能做些什么来增加他们的这种感觉？你能做些什么来增加即便是最普通最平凡的工作的重要性呢？

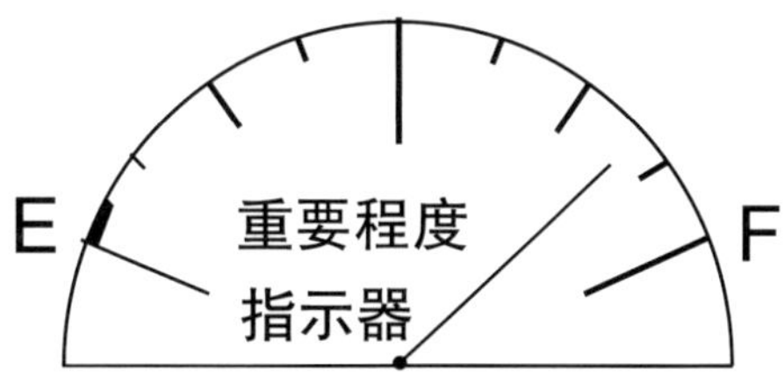

情商 #4 给你的员工分等级

情商训练目标

√	自我意识和自我控制
√	与他人产生共鸣
√	社交能力
	人际影响力
	坚持原则，把握梦想

主题

■ 让学员认识到，他们可能更看重团队内的某些更加重要的人和事，而忽略了其他人和事。

■ 让学员决定，能不能向员工公开他们看重的人和事。

■ 让学员认识到，同样的信息，自己可能对不同的员工传递的方式不同，这种做法需要改善。

■ 这种训练能让学员在跟员工交流的时候更好地控制自己，并且能够增加自己对员工感受的体会。

预计用时

50 分钟

材料

情商训练 #4

难度系数

高等

导师教学指导

有时候，所有的管理者都会有意或无意地给下属划分等级，有的组织机构甚至根据某些等级给员工加薪，这种等级划分可能给管理者带来麻烦和问题。例如，管理者可能会有意或无意地向等级低的员工传递负面的、消极的信息，这些信息可能会让这些员工觉得，自己在这个单位是不重要的或者没有价值的，而产生了这种意识，可能让他们面对工作的时候更加冷淡、无所谓。

管理者必须意识到，自己认为每个员工都是各有各的价值，而且必须提醒自己，不能让自己对员工的看法和行为影响到员工工作的积极性。

例如，如果管理者不看重某项工作的作用，而是将它当作不得不面对的障碍，那么他就不会花时间去关注做这项工作的员工，对这名员工也会不怎么有耐心，不会经常赞扬这名员工，更不会想着让这名员工升职。尽管员工可能尽职尽责地在工作，管理者还是有可能扣他的工资。

再举一个例子，一名管理者手下有两名做同一份工作的员工，不过其中一个比另一个表现更加优秀。这种情况下，管理者可能无意中给了表现更优秀的人更多机会，跟他交流的时候也更多，并且告知表现并不好的员工可能会解雇他。

高情商的管理者明白，他的言行举止可能会造成团队内部人员地位纷争问题，管理者必须小心谨慎，如果他一直对某位员工过分热情，那么代价就是会削弱其他员工的积极性。

本次训练旨在让管理者发现，自己可能在心理上对员工进行了“等级划分”，而这种划分影响到了他和员工之间的关系。它还能让管理者审视自己与员工的互动，帮助管理者增加对员工的了解，让他们更能接受别人的看法和意见。

教学指南

	大致时间
1. 综述	**2 分钟**
导师应向学员声明，要跟员工建立互信和亲密的情感，管理者必须注意自己传递给员工的语言和非语言信息。要想成功激励员工，管理者传递的这些信息必须能让员工觉得自己很重要、很有价值。还要向学员说，有时候，管理者也会无意识地传递出代表着负面情绪的信息。	
2. 目标	**1 分钟**
本次训练旨在帮学员了解，哪些因素会促使你向员工传递你更看重谁、更不看重谁的信息。本次训练是为了让学员对自己的员工进行“等级划分”，然后想一想是不是对等级高低不同的员工传递了不同的信息。我们还会通过这次训练了解这种划分对员工工作积极性的影响。	
3. 给予指导	
A．让学员做训练 #4。 B．让学员做训练 #4 的第 1 部分，让他们在纸上按照他们所认为的重要程度，以从重到轻的顺序写下员工的名字。让学员想一想员工所做的工作，而不是员工平常的表现或能力，问一问学员，自己派给员工的工作究竟有多么重要。 C．现在，让学员做第 2 部分。要求学员在纸上按工作表现好坏程度，从好到坏排列出员工的名字，让他们说出，谁的表现最好，谁的最差。 D．让学员分析自己跟名单最前面和最后面的员工的交流互动有什么不同。让他们思考以下问题： （1）谁更可能获得与工作无关的信息，即关于所在部门或组织机构的更多详尽信息？ （2）你跟排名在前面和在后面的员工之间进行的随意聊天的频率有差异吗？ （3）你手上有重要的工作任务要分配时，你最先想到的是谁？你通常会把这种任务分配给谁？ （4）在你的员工看来，训练机会或其他奖励的分配公平吗？	

（5）你对那些排名不高的员工，还做过哪些可能被视作轻视他们的行为？ **5 分钟**

注意：要让学员意识到，本次训练的目的是让学员提高对以上问题的认识，并让他们对排名最后的人的观点产生同感。作为导师，你不能够去评判学员的行为，你只能当他们的“镜子”，让他们自己判断，他们的行为和决定是否会造成工作团队内部的不和谐。 **15 分钟至 20 分钟**

4. 将学员分成四人一组，对本次训练进行总结 **20 分钟**

要求学员分享他们从训练的资料分析中学到的至少一点心得。如果你的学员只有一位，那就请他将自己的心得告诉你。

情商训练 4

请按照你认为的工作重要程度高低，将你的员工进行等级划分。你认为，哪项工作对你和你工作的部门或公司最重要？你可能对排名靠后的员工传递过什么敏感的信息？

请按照你认为的工作表现好坏程度，从好到坏列出你的员工“等级划分”名单。你可能对排名靠后的员工传递过什么敏感的信息？

情商 #5

要求回馈

情商训练目标

√	自我意识和自我控制
√	与他人产生共鸣
√	社交能力
	人际影响力
	坚持原则，把握梦想

主题

- 让学员更清楚地意识到员工的看法和观念。
- 让学员更清楚地了解自己的优点和弱点。
- 让学员真诚地倾听员工的看法和观念，帮他们改善与员工之间的关系。

预计用时

60 分钟

材料

情商训练 #5

难度系数

高等

导师教学指导

准确的回馈对提高情商而言是很有必要的。不同来源的回馈能够确保消息的准确性和平衡性，因此，自我评价、综合评审（包括下属、同级和上司对同一员工的评审）、随机的员工意见调查和给员工发回馈卡都是能帮管理者提高自我意识的重要评价方式。

本次训练旨在帮学员了解员工对他们的反馈。管理者和员工相对而坐，管理者询问一些问题，既能提高管理者的自我意识，也能够通过有效倾听增强管理者与员工之间的情感。

无论学员想通过训练得到什么，是不是做好了准备，愿不愿意接受训练，都是需要考虑的因素。完成本次训练肯定会有巨大的收获，但也有一定的风险，因此，做训练的时候，你必须非常小心谨慎。

首先，如果你认为学员都有很高的倾听技巧，那你就能让学员进行这项训练；其次，如果你认为某位学员可能因收到员工的负面评价而反感，那就不要让他参与这次训练。此外，你应该评估一下学员能不能按照员工的反馈而进行改善。如果你认为学员已经准备好在行为上做出一些改变，那么这次训练就是改变的强效催化剂。在这次训练后，你还应对学员进行单独指导。

教学指南

	大致时间
1. 综述	**1 分钟**
向学员说明，提高情商的重要办法之一就是对自己进行正确的评价。要得到最全面、最中肯的评价，最好的办法就是倾听不同的人对自己的看法。还要声明，在条件允许的情况下，与员工面对面交流就能让管理者明白员工对自己的看法。有时候，只要问对了问题，管理者就能从员工那里获得回馈。	
2. 目标	**1 分钟**
本次训练旨在帮学员从员工那里得到必要的信息，让学员变成更优秀的管理者。这些信息是关于你能够创造出怎样的氛围，来让你的员工觉得自己很有价值、很重要。当员工觉得受到了重视、自己很有价值时，他们的工作效率和质量才会更高。你只需要坐下来，问问员工他们的想法。	
注意：在做本次训练之前，导师应该让学员回顾一下倾听的技巧。	**15 分钟**
3. 给予指导	
A．让学员做训练 #5。 B．让学员访问一下自己的员工，看看员工愿不愿意帮忙回答一些问题。学员应向员工解释，他希望得到员工的评价，这样能帮他成为更优秀的领导者。 C．访问过程中，学员应该认真倾听。 D．允许学员自行安排时间完成访问。	
4. 与学员讨论访问得出的结论。用以下问题对访问活动做总结	**40 分钟**
A．你了解了哪些评论与你对自己的评价相符？ B．员工对你的评价，最让你吃惊的是什么？ C．根据你了解到的信息，你想要做出怎样的改变？ D．这次访问，你最大的收获是什么？为什么？	

情商训练 5

在现实生活中，行为比语言更有说服力。因此，作为管理者，你必须评估你的言行可能向员工传递出了怎样的信息。有时候，了解员工想法的最好办法就是直接询问，因此，在合适的时候，跟你的员工说明，你想要成为更优秀的管理者，所以需要他们帮忙。问问每一位员工以下问题：

1. 近期发生了什么事，你想参与，但又觉得被人排斥？

______

______

______

2. 与这个单位或部门的其他员工相比，你认为我对你的工作是不是满意？你觉得我足够重视你的工作吗？

______

______

______

3. 我做过怎样的行为增加了你在工作时的重要感？

______

______

______

4. 我曾经怎样削弱了你在工作中的重要感？

______

______

______

情商 #6 按自己所想的行事

情商训练目标

	自我意识和自我控制
	与他人产生共鸣
√	社交能力
	人际影响力
√	坚持原则，把握梦想

主题

■ 帮助学员设想自己成功的未来。

■ 鼓励学员按自己的想法行事。

■ 让学员设想自己坚持做能增加员工重要感的行为，与员工建立良好的关系。

预计用时

90 分钟

材料

情商训练 #6

难度系数

低等

导师教学指导

教学的终极目标就是让学员用能够达到预期目的的方式行事。管理者通常都认为自己成功运用了所希望用的行为，而实际上却并没有真正实施。因此，要让学员最终将理论知识运用到实际工作中去，这是很重要的。

本次训练让管理者排练一下自己以后在工作中能用上的行为，这是让学员做好心理准备，一旦时机成熟，他们自然就会做出那种行为。

情商最关键的部分就是具备实现梦想的积极性。要想创造这种积极性，就要将梦想铭记在心。

教学指南

大致时间

1. 综述 **1分钟**

向学员说明，情商最重要的组成就是实现梦想的积极性。高情商的管理者具备向梦想前进的积极性，尽管会遇到艰险，但他的积极性并不因此而受到折损。还要声明，要达到成功，就要不断进行尝试。人们在进行求职面试之前或去向上司提意见之前，都会先做好准备或打好草稿，同样，想要跟员工积极互动，管理者也必须做好相应的准备。

2. 目标 **1分钟**

本次训练旨在帮学员设想自己跟员工积极互动的样子。所谓积极互动，就是让你的员工觉得自己所做的事很重要，自己也很重要。每一天，管理者都要让员工有这种感觉，这一点很重要。

3. 给予指导 **60分钟**

A．让学员做训练 #6。

B．让学员想一想每位下属的个性。设想在一个寻常的工作日里，自己跟员工的互动是怎样的。

C．让学员设想自己是一个情商专家，很明白要怎么说怎么做，才会让员工觉得自己很重要，才会让员工每一天都明白自己所做工作的重要性。

D．你会对每一位员工说什么做什么来帮他增加自己的重要感呢？

E．对每一位跟你交流的员工，设想一下，如果你想通过这次交流来增加他的重要感，你究竟会做些什么，说些什么呢？你跟员工交流或采取行动的地方是在哪里呢？留意一下自己的声音，听起来是不是让人很舒服？你所做的肢体语言又有什么含义呢？

F．让学员设想自己跟每一个员工进行这种交流的场景。

G．学员应该把每一次设想的场景都记录下来，写下自己所说所做的一切，以及自己的表情和声音。

H．让学员自己安排他们跟每位员工进行这种交流的日期。

4. 总结 **30 分钟**

问问学员，他们是否决定按自己所设想的那样去做。要求他们汇报一下，有哪些措施实施得不错，而哪些行为没有收到预期的效果，跟他们讨论一下为什么会出现这种结果。

情商训练 6

对自己进行“画像”，假想自己是高情商的专家，设想你告诉员工，你很重视他和他的工作。作为一名专家，你每天跟员工相处的时候是怎样做的？请尽情发挥想象力和创意。你所描绘的场面是什么样的？在下面列出清单，描述一下你会怎样让员工觉得自己很重要，怎样让他们觉得你重视他们的工作。你也可以在实际工作中实施一下自己所写下的这些事情。

员工姓名：________________

我将用以下的办法来增加这名员工的重要感：

____

____

____

员工姓名：________________

我将用以下的办法来增加这名员工的重要感：

____

____

____

员工姓名：________________

我将用以下的办法来增加这名员工的重要感：

____

____

____

情商 #7 个性竞争

情商训练目标

√	自我意识和自我控制
√	与他人产生共鸣
√	社交能力
√	人际影响力
	坚持原则，把握梦想

主题

■ 深入了解管理者的观念会怎样影响与员工之间的关系，并据此改善自己跟员工之间的关系。

■ 帮助学员提高所有员工的工作积极性，多多激励员工。

■ 让学员意识到，自己可能向员工表达了他们在工作中的地位是不平等的。

预计用时

75 分钟

材料

情商训练 #7

难度系数

低等

导师教学指导

管理者也是人，因此，他们通常也会更喜欢某些人，而不喜欢某些人。然而，如果他们喜欢的人正好是为他们工作的员工，而又在其他员工面前表现出了这种情绪，那么团队里的其他人可能会认为管理者偏心，自己遭到了不公平待遇，认为自己不受欢迎，这种行为最让人工作积极性受挫。

因此，最重要的第一步就是要认识到，管理者心里确实有一杆“秤”，确实更喜欢单位或部门里的一些员工。这种意识很重要，只有认识到这一点，你才会明白，管理者要非常谨慎小心，以免营造出让员工产生负面观念的氛围。

例如，一位管理者发现员工甲不专心工作，对工作不热情或不满意，那么管理者可能就不会再理会这名员工，或者，关注这名员工的时间和频率不再像以前那样多了。有时候，管理者可能会发现，员工的价值观与生活方式跟自己的相冲突或者不相符，这样，管理者与员工就工作问题进行的交流就会受到影响。相反，如果员工乙跟管理者有相同的价值观，个性很讨人喜欢，或者某些品质深得管理者赞赏，那么管理者自然会在一定程度上给予这名员工关照。

这次训练的目的就是让管理者明白，自己对员工的看法可能已经对员工进行了亲密度排行，影响了自己对工作的安排。此外，这项训练旨在提高管理者的自我意识，让管理者了解员工的想法。

教学指南

	大致时间
1. 综述	**2 分钟**

向学员阐明，提高情商最主要的工具就是准确的自我意识。管理者具备准确的自我意识，就会考虑自己的言行是否合适。这种意识能够在他遇到"敏感"状况或可能引起情绪反应的状况时更好地控制自己。重申一句，管理者也是人，因此在跟别人一起工作的时候自然也会产生情绪，这是正常的反应。

2. 给予指导　**40 分钟**

A. 让学员做训练 #7。

B. 让学员按个性对员工进行"等级划分"。"你最喜欢哪些员工？最不喜欢哪些员工？思考一下你最喜欢跟谁一起闲扯聊天，跟谁在一起只谈论工作，按照你的喜好从高到低列出你的员工。"

C. 要求学员按照内心里真实的想法排列次序，要让他们明白，对每个人的喜好程度不同是很正常的。

D. 给予学员足够的时间进行排序。

E. 让学员在笔记本上回答以下问题：

（1）你跟排名最前面和最后面的员工随意聊天的次数有差别吗？

（2）你跟排名最前面和最后面的员工进行交流的时候，使用的肢体语言有差别吗？

（3）排名最前面和最后面的员工跟你进行交流的时候，你的心理活动有差别吗？如果有，说一说差别在何处。

3. 跟学员讨论笔记上的问题并做出总结，你可以让学员分组讨论他们的看法。

30 分钟

在集体讨论的时候，问问学员以下问题：

（1）你认为，你的员工是不是有时候对这些微妙的差别很敏感？说一说有没有这样的时候，这种时候员工的表现如何？

（2）作为管理者，你为什么要关心员工是否对这些微妙的差异很敏感？

注意：根据加州大学洛杉矶分校 1996 年的一项调研数据显示，我们交流的时候，70% 以上的交流都是非语言类的。

情商训练 7

按照你喜欢的程度高低，快速对你的员工进行等级高低划分。是的，一定要诚实。你最喜欢谁？最不喜欢谁？我们并不是问你谁的表现最好，谁的工作积极性最高，只是让你按照你喜欢的进行排名。你对排名靠后的员工说过怎样的话，可能表达出了你比较喜欢其他的员工而不太喜欢他们？

思考以下问题：

你跟排名靠前和靠后的员工闲聊的频率有差别吗？请对此进行说明。

比较一下，你跟排名靠前和靠后的员工交谈的时候，所使用的肢体语言有什么不同吗？请对此进行说明。

比较一下，你跟排名靠前和靠后的员工见面的时候，心理活动有什么差别吗？所谓的心理活动，就是你在心里对某人或某种情况进行的评论，例如：“噢，不！苏茜过来了，这次她又要来抱怨什么呀？”请对此进行说明。

工作氛围

情商训练目标

	自我意识和自我控制
√	与他人产生共鸣
√	社交能力
√	人际影响力
√	坚持原则，把握梦想

主题

- 用乐曲做比喻，要求学员描述自己的工作单位或部门的工作氛围。
- 鼓励学员用乐曲做比喻，去形容自己的工作氛围。
- 鼓励学员向员工说明自己认为完美的工作氛围。
- 让学员和自己的员工讨论自己的工作氛围。

预计用时

140 分钟

材料

情商训练 #8

难度系数

中等

导师教学指导

人们谈论工作环境的时候，用音乐来打比方是很有意思的，也是很合适的。在不同类型的音乐里，人们总能找到自己喜欢的节奏和模式。音乐的种类多种多样，同理，每一处工作场所也是与众不同的，有自己的氛围和行事节奏。有的感觉就像是约翰·菲力浦·苏萨的进行曲，激情澎湃；而有的则像是送葬曲，死气沉沉；也有的就像是蓝调乐曲一样婉转悠长，令人回味。

要用音乐做暗喻，那首先就要讨论并分辨工作场所的不同氛围和行事节奏；然后，让管理者意识到，自己有权力影响整个工作场所的氛围，把握所有员工的行事节奏，这是很有益处的。

教学的时候，导师要明白，有的管理者会根据“乐曲节奏”而行事，而有的则是按照“乐曲歌词”而行事。在讨论工作氛围的时候，这两者都是很重要的考量因素。

教学指南

大致时间

1. 综述 **1 分钟**

向学员说明，融入工作氛围的能力也是情商很重要的组成部分。能够分辨局势并决定自己的立场，这一点是很重要的。这项技能要求人们融入自己的工作环境，并且要能够看出单位和组织的潜力。情绪能力的第一条就是要分辨你所在单位和组织的氛围，然后做出积极的行为，引导整个团队向既定的目标前进。

2. 目标 **2 分钟**

本次训练旨在让学员用音乐来描述自己的工作氛围。不同的音乐有不同的氛围和节奏，你的工作环境也是一样。我相信，有的感觉就像是《野蜂飞舞》一样激昂，有的就像是“这是你的工作，随便做一下吧”。通过音乐，你可以对你的工作场所进行评估，并对你们单位或部门的工作氛围提出看法和建议。通过音乐，你也能够“听到”或发现更好的工作氛围。

3. 给予指导 **50 分钟**

A．让学员做训练 #8。

B．告诉学员，你将播放一些音乐片段。他们听音乐的时候，让他们先思考，然后让他们说一说，他们认为这段音乐可能代表了哪种类型的工作环境，让他们在笔记本上做好记录。

C．播放几段不同的音乐，风格如下所示： **10 分钟**

（1）一段快节奏的音乐，如《野蜂飞舞》。

（2）一段送葬曲或其他忧郁舒缓的乐曲。

（3）一段非常动感、节奏韵律比较快的活泼风格的乐曲。

（4）一段非常嘈杂、混乱、听起来毫无节奏感的乐曲。

D．每播放一段音乐，就给学员一些时间来记笔记。

E．重复播放上文的第一段音乐片段，让学员描述一下这一段跟哪种工作环境相适应。允许他们进行讨论。问一问他们：“经常在这种节奏和氛围下工作是什么感觉？” **20 分钟**

F. 重复播放其他音乐选段并分别进行讨论。

G. 现在要求学员为某种工作环境在头脑中挑选最合适的乐曲，这段乐曲听起来是什么感觉？让他们选择一位搭档，一起讨论一下最适合他们工作场合的乐曲。 **10 分钟**

H. 现在让学员想一想，自己的工作环境与哪一种乐曲相适应，试图描述一下实际工作场合中的氛围如何。 **5 分钟**

I. 要求学员比较一下，自己想象中最合适的氛围，跟实际氛围的差别。

4. 用以下问题向所有人做总结 **40 分钟**

A. 如果将你的工作场所的氛围比作音乐，你会将它比作哪种音乐？为什么？

B. 你的团队在演奏怎样的乐曲？

C. 你们用了什么乐器？

D. 你演奏得合调吗？合拍吗？请详细阐述。

E. 管理者对整个“乐队”的影响有多大？

F. 你能做些什么来影响你们工作场所的“音乐演奏”？

演化训练：辨声识曲

1. 如果学员想要从员工那里得到回馈，他们也可以要求员工用一首跟他们的工作氛围和节奏相适应的歌曲，来形容他们的工作环境。本次训练也能让管理者和员工交流工作的氛围和节奏，并从员工那里得到有利的信息，改善工作环境。

这种交流很有意思，而且讨论也会很热闹。员工对氛围和节奏的评论，都应得到管理者的感激，包括那些消极的评价，如“这是你的工作，去做吧”。管理者必须有幽默感，问问员工，大家都能做些什么来改善工作氛围，听听他们的建议。

2. 导师应该跟随管理者一起去他的团队，根据与员工讨论得出的结论，帮管理者选择一些能够改善工作氛围的行为，并实施。

情商训练 8

音乐片段 #1，描述一下在类似这种乐曲氛围的工作环境中工作是什么感觉？

音乐片段 #2，描述一下在类似这种乐曲氛围的工作环境中工作是什么感觉？

音乐片段 #3，描述一下在类似这种乐曲氛围的工作环境中工作是什么感觉？

音乐片段 #4，描述一下在类似这种乐曲氛围的工作环境中工作是什么感觉？

____

____

____

____

每一种工作环境都有自己的“调”，如果你仔细倾听，你就能够感受得到，这是在这种场合中工作的人“演奏”出的节奏。如果将你的工作环境比作乐曲，你认为它是哪种类型的乐曲？为什么？它是欢乐的华尔兹还是悲伤的送葬曲？你的下属在“演奏”怎样的“乐曲”？你们用的是哪种乐器？你演奏得合调吗？合拍吗？

____

____

____

____

如果你能够改变你的工作环境的“曲调”，你会将它改成什么样的？

____

____

____

____

情商 #9

情绪管理

情商训练目标

√	自我意识和自我控制
√	与他人产生共鸣
	社交能力
	人际影响力
	坚持原则，把握梦想

主题

■ 帮助学员了解他们在工作中表达的情绪。

■ 帮助学员提高他们在工作中对表达的情绪的认识。

■ 帮助学员，让学员意识到，他们的情绪能够影响到员工。

■ 帮助学员把握在工作中表达情绪的恰当时间，并控制自己负面的、消极的情绪。

预计用时

85 分钟

材料

情商训练 #9

难度系数

高等

导师教学指导

在工作场合是该表露情绪还是该掩藏情绪，这取决于很多方面。情商高的管理者很明白自己什么时候该表达情绪，什么时候则该掩藏情绪。他也明白消极负面的情绪对员工有怎样的坏处。

此外，情商高的管理者还知道该怎样恰当地表达能给员工带来正能量的情绪，如自豪、感恩、同情和关心等，这样的管理者明白，这些积极情绪的表达会怎样激励并鼓舞员工。

因此，管理者在工作场合表达情绪是正常的，不过不能只顾着发泄情绪，应该思考该怎样处理这些情绪，让它给整个团队的工作氛围带来最好的影响，这才是最重要的。我们都听说过那些情绪糟糕、无法控制自己脾气的老板胁迫自己员工的故事。很多管理者曾经也给这样的上司工作过，因此他们可能也会在自己的工作中模仿这样的行为。此外，管理者还可能有这样的习惯，在工作场合既不表达积极的情绪，也不表达消极的情绪，这样的话，他们也就错过了提高员工积极性，让员工表现更棒的机会。

本次训练旨在让管理者明白，提高情商的第一步就是对自我情绪的准确认知，要求管理者辨识过去在工作场合表达的情绪反应，让他们明白这些情绪对周围员工的影响。

教学指南

<table>
<tr><th colspan="2" align="right">大致时间</th></tr>
<tr><td>1. 综述

向学员说明，所有的管理者都有情绪，高情商的管理者会选择恰当的时间表达或掩藏自己的情绪，并举例说明，高情商的管理者是怎样表达和掩藏自己的情绪的。向学员说明，不能只关心自己在工作场合的情绪，应该关心该如何恰当地表达自己的情绪，这才是高情商的做法。例如，我们都听说过那些情绪糟糕、无法控制自己脾气的老板胁迫自己员工的故事。此外，我们可能都明白，积极正面的情绪的力量，知道真诚地去表达这些情绪，能大大地提高员工的工作积极性。</td><td>5 分钟</td></tr>
<tr><td>2. 目标

本次训练旨在帮学员辨认一些能够影响到工作氛围的管理者情绪。通常，作为管理者，你会抑制或否认自己的情绪，因为你已经明白，在工作中发泄情绪是不恰当的行为。然而，作为管理者，如果你能够知道什么样的情绪对工作可能造成不必要的损害，而决定掩藏它们；能够知道什么样的情绪对工作可能有利，而决定表达它们，这些更为重要。这样，你这位管理者，才能更好地驾驭情绪这种强有力的工具。想要获得这种能力，你首先就要辨认，在工作时你心里冒出来的情绪是怎样的。</td><td>1 分钟</td></tr>
<tr><td>3. 给予指导

A．让学员做训练 #9。

B．让学员回忆一下，自己什么时候表达过训练列表上的情绪。

C．让学员关心各种情绪的两个重要方面：

（1）这种情绪对你的行为有什么样的影响？

（2）这种情绪对你工作场合中的其他人的情绪有什么样的影响？

注意：用导师自己的行为向学员举例说明：

当我生气时，我在工作场合就会非常沉默。平常的时候，我很爱跟人交流，跟人开没有恶意的玩笑，不过一生起气来，我就会沉默寡言，不愿多说。

D．将学员分成四人一组，让他们讨论笔记本上的问题。</td><td>40 分钟</td></tr>
</table>

4. 用以下问题对学员的分组讨论进行总结 **40 分钟**

A. 管理者生气的时候，普遍会做的行为有哪些?

B. 自高自大的管理者，普遍会做的行为有哪些?

C. 什么时候，你最好将自己的情绪掩藏起来，不向员工表达?

D. 什么时候，你表达的情绪，对你的员工最好?

E. 如果管理者无法避免要表达消极负面的情绪，你会给他怎样的建议?

F. 如果要表达积极正面的情绪，你会给表达情绪的管理者怎样的建议?在笔记本上记下你的建议摘要，跟所有学员一起探讨一下。

情商训练 9

我们在工作中或处理工作事务的时候，必须小心谨慎对待情绪，这一点很重要。这些情绪通常就包含着我们希望员工了解的信息。如果我们作为管理者能够关心自己的情绪，那我们就能够控制工作场合的氛围。

想一想你上次在工作场合笑是什么时候？你当时为什么而笑？其他员工都受到你的感染了吗？

____

____

想一想你上次在工作上有挫败感的时候，其他员工都感受到你的情绪了吗？

____

____

你上次在工作中生气是什么时候？你为什么而生气？这种情绪怎样影响了你和其他人的交流？

____

____

回忆一下你在工作中觉得受到打击的时刻，这种情绪怎样影响了整个团队的工作氛围？

____

____

回忆一下你为你的员工或工作团队感到骄傲的时刻，这种情绪对你的员工有怎样的影响?

____

____

回忆一下你在工作时觉得失望的时刻，你的员工是否感受到了你的情绪呢?

____

____

情商 #10 坦诚友善与真正的友好

情商训练目标

	自我意识和自我控制
√	与他人产生共鸣
√	社交能力
	人际影响力
√	坚持原则，把握梦想

主题

■ 让学员与员工建立相互坦诚、相互关爱的关系。

■ 让学员明白，在工作场合表达关怀和在意是有条件限制的。

■ 帮助学员与员工建立情感联系，但这种关系又不会危及管理者的地位、身份。

预计用时

45 分钟

材料

情商训练 #10

难度系数

中等

导师教学指导

对管理者而言，跟下属建立亲密关系是有很多益处的，大部分员工都希望得到管理者真诚善意的关怀。高情商的管理者与员工建立真诚的关系，就能收获员工的忠心和信任，员工就会为他而任劳任怨。无论在哪里，员工若是能坦诚与上司交流，那么这个团队就能保持竞争力和创造性。因此，高情商的管理者懂得与员工建立真挚的关系有多么重要。

真挚的关系是通过言行举止来建立的，管理者个性正直，交谈的时候态度诚恳，员工就会为团队而辛苦劳作，这样，大家才能建立和谐融洽的工作氛围。

管理者如果能够做到平等对待员工，对他们的处境感同身受，并且了解每一位员工所付出的，知道他们的才干天赋，即便以上的内容不是都能做到，也能与员工建立真挚的关系。

本次训练鼓励管理者关心员工，对员工的行为给予必要的肯定和支持，但是要求管理者把握分寸，不能让这些关怀和支持与管理者的地位、身份相冲突。

教学指南

	大致时间
1. 综述	**5 分钟**
向学员说明，如果管理者能够与员工坦诚友好地进行交流，那么他的管理工作就能更加轻松。在坦诚友好的环境中，人们自由交流，不必担心遭到批评，想法就会有创意，当你的客户或其他人提出问题时，你也能更快回复，问题更容易得到解决。还要向学员说明，高情商的管理者知道怎样控制好工作氛围，以便让员工将自己最优秀的一面表现出来。强调一句，所有的学员都应该回答这样一个问题："开创坦诚友好的环境，跟建立与员工平起平坐、不分彼此的友情，有什么差别？"	
2. 目标	**1 分钟**
本次训练旨在帮学员了解坦诚友好的工作氛围对管理者有什么益处，怎样才能在工作场合创建出真正坦诚友好的氛围。本次训练还要求学员区分创建坦诚友好的工作氛围与建立良好的私人关系之间的差别。	
3. 给予指导	**20 分钟**
A．让学员做训练 #10。 B．要求学员独立完成训练内容，让他们说明创造坦诚友好的工作氛围与建立良好的私人关系之间的差别。 C．要求他们分享自己对这两者差别的看法。 D．现在，要求学员举例说明，他们是如何创建与员工之间坦诚友好的氛围的。让他们想一想，跟一群员工与单个员工建立友好关系使用策略的差别。 E．将学员分成四人一组，让他们分别分享一下，该怎样创建坦诚友好的工作氛围。	
4. 对所有讨论做出总结。列出学员给出的与员工创建坦诚友好氛围的建议，问问他们以下问题	**20 分钟**
（1）你怎么知道哪些策略对你有用，哪些没用？ （2）创建坦诚友好的工作氛围时，怎样处理员工的个性差异？ （3）什么因素会让你难以在工作场合表达关心和支持？例如，你听到的哪些信息可能会让你无法跟员工建立紧密的关系？	

情商训练 10

坦诚友好的合作关系	私人友情
我的定义：	我的定义：

想一想你的每一位员工，想出一件能够帮你与每一位员工创建坦诚友好的合作关系的事例，把这些事例记录下来。

______

______

______

你能对你的工作团队做什么来创造一种坦诚友好的工作氛围呢？

______

______

______

什么让你无法创建坦诚友好的氛围？我们接收到的哪些信息，听上去好像不是能帮我们创建这种氛围的？

______

______

______

情商 #11

倾听的习惯

情商训练目标

√	自我意识和自我控制
√	与他人产生共鸣
√	社交能力
	人际影响力
	坚持原则，把握梦想

主题

■ 让学员培养主动倾听的习惯。

■ 让学员对自己的倾听技巧进行自我评价。

■ 让学员了解，哪些倾听习惯会对管理者与员工建立良好关系起不好的作用。

预计用时

45 分钟

材料

情商训练 #11

难度系数

中等

导师教学指导

仔细倾听员工的叙述，不进行任何评价，不给出任何建议，不产生任何想法，这是管理者最难掌握的技能，但掌握了之后，却能够收到很好的回馈。情商高的管理者明白，倾听员工的话，能帮你与员工建立紧密关系，能提高员工工作积极性和行事效率，能与员工建立坦诚友好的工作氛围。他们还明白，倾听能够减少冲突，能让员工提出更有创意的解决问题的方案。

然而，不好的聆听习惯能够摧毁管理者的能力，并让他们无法与员工建立高度互信的关系。六种不好的聆听习惯通常是人无法倾听的根源。

本次训练的目的就在于，验证一下这些聆听习惯是否干扰过管理者，并提醒管理者，在跟其他人交流的时候，要提高对这些习惯的察觉能力。

这六种不好的聆听习惯如下所列：

1. **伪装**——其外在表现是：点头，跟人用眼神示意交流，不时发出“嗯嗯啊啊”的声音，但是倾听的人注意力根本不在说话人身上，思想在别的地方。

2. **打断**——别人说话的时候，打断他，不让他把话说完，也不向说话人提问要求解释或了解更详细的内容，管理者太急于表达自己的看法，完全不顾说话人的存在。

3. **猜测推理**——这种人总是试图想弄清楚说话人话的含义和说话的意图。他总是在评判说话者说的话，试图用自己的思维对那些话进行理解。他几乎从不顾及别人话语背后的真实感受或情绪。

4. **“快乐的野鸡”**——这种人只从说话者说出的话里获得自己需要的信息。当说话者说任何话的时候，他马上抓住自己关注的东西，然后发表自己的看法、意见，述说自己的故事。他们通常这样说：“噢，这不算什么，我曾经经历过这样的事……”“我记得我曾经……”

5. **反驳**——这种人只从说话者的话语里获得他要辩驳的内容，他认为说话者就是来反对他的，最糟糕的是，他喋喋不休地与说话者争论，希望证明对方是错的，至少，他总是希望说话者能意识到他有不同的见解。

6. **提出建议**——提出建议有时候是对人有帮助的，但有的时候，这种行为可能会扰乱倾听。因为这样的话，说话者就无法完全表达出自己的感受和想法，从而也就不能让他解决自己的问题，而且它也让人无法完全发泄情绪，由于很快就得到了建议，所以让人忽略了说话者真正想要表达的东西。总之，太快提出建议和在错误的时间提出建议都是在给说话者打岔。

教学指南

	大致时间
1. 综述	**2 分钟**
向学员说明，高情商的管理者最重要的一项技能就是倾听技巧。还要说明，高效的倾听能帮助管理者与员工建立紧密的关系，有助于人们积极解决问题，还能让人做出其他有助于提高行事效率和质量的行为。告诉学员，正如打高尔夫需要练习一样，倾听也需要学习。发现自己不好的倾听习惯也能够提高自己的倾听技能，并让管理者和员工之间建立稳定的互信关系。	
2. 目标	**1 分钟**
本次训练旨在让学员检查一下，多年来，自己是否养成了不好的倾听习惯，你只有意识到了自己不好的倾听习惯，才能对此做出改善。然而，对大部分人而言，倾听并不是生来就会的，他们对此并不会进行仔细思考或反思。因此，有时候必须先对自己的倾听习惯进行了解，这样你才能做出改善。在本次训练中，你要做的就是了解自己的习惯，你要对你现在的倾听习惯进行检查，然后再确定自己是不是有了不好的倾听习惯需要改变。你还能从其他人那里得到对你的倾听习惯的评价。	
3. 给予指导	**15 分钟至 20 分钟**
A. 让学员做训练 #11。 B. 回顾以上所述的六种不好的倾听习惯。论证这些习惯的不好之处，并问问学员是否听说过有这些习惯的人的故事。 C. 如果学员认为，自己某些时候可能也对员工做过以上的行为，就让他们在相应的倾听习惯后做一个标记。 D. 将学员分为五人一组，分组讨论这些不好的倾听习惯对员工的影响。要求学员说一说，这些习惯为什么有害，为什么不能让管理者与员工建立良好的关系。 E. 要求学员记录一周时间里自己所表现的倾听习惯，让他们在对员工使用不好的倾听习惯后做一个标记。鼓励他们自制一份表格，并对自己的不良倾听习惯做记录。	

F．让学员记录一周所做的不良的倾听习惯，鼓励他们对这些习惯做出改变。

注意：即便没有办法做跟踪记录，这种训练也确实能让参与学习的人做出改善。

4. 总结　20 分钟

A．你发现自己有哪些倾听习惯模式？

B．你现在更了解自己的倾听习惯了吗？你怎么做到的呢？

C．你现在更了解别人的倾听习惯了吗？请对此做出说明。

D．你对自己的倾听习惯做出了怎样的改善？

情商训练 11

带着与他人产生共鸣的态度去聆听，能够证明管理者确实关注员工的诉说。六种不好的倾听习惯，有时候让我们无法做一个优秀的倾听者。在你自己有时候会做出的不良习惯前做一个记号。

星期一	星期二	星期三	星期四	星期五	
					□ 伪装——其外在表现是：点头，跟人用眼神示意交流，不时发出“嗯嗯啊啊”的声音，但是倾听的人注意力根本不在说话人身上，思想在别的地方。
					□ 打断——别人说话的时候，打断他，不让他把话说完，也不向说话人提问要求解释或了解更详细的内容，管理者太急于表达自己的看法，完全不顾说话人的存在。
					□ 猜测推理——这种人总是试图想弄清楚说话人话的含义和说话的意图。他总是在评判说话者说的话，试图用自己的思维对那些话进行理解。他几乎从不顾及别人话语背后的真实感受或情绪。
					□ “快乐的野鸡”——这种人只从说话者说出的话里获得自己需要的信息。当说话者说任何话的时候，他马上抓住自己关注的东西，然后发表自己的看法、意见，述说自己的故事。他们通常这样说：“噢，这不算什么，我曾经经历过这样的事……”“我记得我曾经……”
					□ 反驳——这种人只从说话者的话语里获得他要辩驳的内容，他认为说话者就是来反对他的，最糟糕的是，他喋喋不休地与说话者争论，希望证明对方是错的，至少，他总是希望说话者能意识到他有不同的见解。

☐ 提出建议——提出建议有时候是对人有帮助的，但有的时候，这种行为可能会扰乱倾听。因为这样的话，说话者就无法完全表达出自己的感受和想法，从而也就不能让他解决自己的问题，而且它也让人无法完全发泄情绪，由于很快就得到了建议，所以让人忽略了说话者真正想要表达的东西。总之，太快提出建议和在错误的时间提出建议都是在给说话者打岔。

情商 #12

真正的倾听

情商训练目标

√	自我意识和自我控制
√	与他人产生共鸣
√	社交能力
	人际影响力
	坚持原则，把握梦想

主题

- 通过提高学员的倾听技能，让他们更容易接受他人的意见。
- 通过提高学员的倾听技能，改善他们与员工之间的关系。
- 让学员学会在有压力的情况下，实施真正的倾听技巧。

预计用时

95 分钟

材料

在活动挂图上做标记

难度系数

低等

导师教学指导

倾听技巧对高情商的管理者至关重要，然而真正的倾听技巧并不只在倾听本身，还包括如下几方面：

- 即便说话者的信息包含了伤人感情的内容，也要对说话者示以尊重。
- 无论说话者说了什么，都乐意去倾听并理解。
- 以平等的态度对待说话者，让对方明白自己值得被关注。

这些要求的内容远超过倾听本身，因此，尽管学员能学会怎样倾听，但首先还是要摆正心态，不然倾听就像是做戏。管理者不仅要留心自己是否掌握了倾听的技巧，更重要的是，要端正自己的心态，这样才能真正改善自己的倾听技能。

还有，倾听者和说话者对谈论的话题看法相似时，倾听才会更加容易。如果说话者说的内容正好跟倾听者的看法相反，那么倾听者就很难平静地听完所有内容。在这种情况下，高情商的管理者还要能够控制自己的情绪，继续倾听，确保接收到说话者说的所有信息。

本次训练既考验人的倾听技巧，也考验人的心态。只有掌握了这种技巧，培养了这样的心态，管理者才能与员工建立更深厚的情谊，才能开创更加和谐的工作环境。

教学指南

大致时间

1. 综述 **20 分钟至 25 分钟**

向学员说明，提高情商最重要的手段就是学会倾听。教给他们好的倾听原则，包括如下几方面：

A. 倾听并领会对方说的内容。

B. 倾听并领会对方表达的感受。

C. 理解对方的动作和表情语言。

注意：导师应该引导学员回顾倾听技巧的知识内容，自行判断决定回顾内容的多少。这一部分训练能够让学员回顾倾听技巧的重要内容。

2. 目标 **1 分钟**

本次训练旨在让学员认识到，培养良好的倾听习惯的重要性，以及在有挑战和压力的状况下，认真倾听的重要性。还要声明一点，无论你多么专业，但只要说到倾听技巧，就必须回忆一下其基本内容。

3. 给予指导 / 第 1 部分 **15 分钟**

A. 要求每位学员挑选一位合作伙伴。导师可以按如下步骤安排各组学员：

（1）两个人商量谁扮演说话者，谁扮演倾听者。

（2）说话者可以自选话题，要求他们选择那些让自己产生强烈情绪的事情。

（3）建议学员使用倾听技巧，包括用要求解释说明的提问，思考说话者话语的确切含义，及其所表达的确切情绪，并做出恰当的肢体语言。扮演倾听者的一方在这个过程中绝不能对说话者所说的内容进行任何评述。

（4）7 分钟后，互换角色进行表演。

B. 用以下问题做总结： **10 分钟**

（1）被人倾听的感觉如何？

（2）倾听的时候，你是否喜欢插入自己的评论见解和故事？

（3）这种训练最让人感觉为难的地方在哪里？

（4）你对自己的倾听习惯有怎样的认识？

4. 给予指导 / 第 2 部分 **20 分钟**

A．导师应准备一些有争议的话题，如关于枪支管制、堕胎、政治问题、死刑或者其他争议性很强的话题，将它们列在活动挂图上。选择要讨论的第一个话题，要求学员自己选择是支持方，还是反对方。（每一个话题讨论的理想分组是 10 人到 15 人一组，但是，最重要的是，组员应包括支持和反对讨论话题的双方。如果你的班级够大，那你可以分组讨论不同的话题。）

B．让学员对各自的话题进行辩论。学员可以用掷硬币的方式决定哪一方先开始辩论，限定时间 20 分钟。

5. 用以下问题向全班做总结 **25 分钟**

A．我们在倾听时，什么时候会受到干扰？你为什么这么认为呢？

B．什么因素能让我们的倾听受到干扰？

C．组里的每一位成员都表达了自己的观点吗？为什么？

D．在这次活动中，大家的反响热烈吗？

E．这次训练怎样才能跟实际工作环境进行比对？

F．你了解了自己的倾听技巧后，能学到什么？

情商 #13

协调与员工的关系

情商训练目标

√	自我意识和自我控制
√	与他人产生共鸣
√	社交能力
	人际影响力
	坚持原则，把握梦想

主题

- 让学员在提高倾听技巧的同时，也能学会接受他人的意见。
- 通过改善倾听技能改善与员工之间的关系。
- 练习真正的倾听技巧。

预计用时

40 分钟

材料

情商训练 #13

难度系数

中等

导师教学指导

倾听技巧对高情商的管理者至关重要，然而真正的倾听技巧并不只在倾听本身，还包括如下几方面：

■ 即便说话者的信息包含了伤人感情的内容，也要对说话者示以尊重。

■ 无论说话者说了什么，都乐意去倾听并理解。

■ 以平等的态度对待说话者，让对方明白自己值得被关注。

这些要求的内容远超过倾听本身，因此，尽管学员能学会怎样倾听，但首先还是要摆正心态，不然倾听都像是做戏。管理者不仅要留心自己是否掌握了倾听的技巧，更重要的是，要端正自己的心态，这样才能真正改善自己的倾听技能。

还有，倾听者和说话者对谈论的话题看法相似时，倾听才会更加容易。如果说话者说的内容正好跟倾听者的看法相反，那么倾听者就很难平静地听完所有内容。在这种情况下，高情商的管理者还要能够控制自己的情绪，继续倾听，确保接收到说话者说的所有信息。

本次训练的意图是让管理者学会在工作场合如何倾听员工说话。

教学指南

	大致时间
1. 综述	**1 分钟**

向学员说明，提高情商最重要的手段就是学会倾听。教给他们好的倾听原则，包括如下几方面：

A. 倾听并领会对方说的内容。

B. 倾听并领会对方表达的感受。

C. 理解对方的动作和表情语言。

注意：导师应该引导学员回顾倾听技巧的知识内容，自行判断决定回顾内容的多少。这一部分训练能够让学员回顾倾听技巧的所有重要内容。

2. 目标　　1 分钟

本次训练旨在提醒学员，在工作场合跟员工、同行和其他人打交道时，良好的倾听习惯的重要性。

3. 给予指导　　10 分钟

A. 让学员做训练 #13。

B. 让学员在接下来的一周时间里，在跟他人打交道时，练习一下本次训练中所提及的倾听技巧，让他们在工作区域里走走停停，问问员工的工作情况，然后，使用本次训练所列出的倾听技巧。让学员问一些需要员工解释说明的问题，并留意一下，自己有没有不好的倾听行为，在恰当的时候，思考一下员工说话的内容及说话时的情绪。

C. 要求学员在这期间扮演倾听者的角色。

4. 用以下问题对本次训练做出总结　　25 分钟

A. 你对自己的倾听技巧有怎样的了解？

B. 倾听的时候，什么是最难以做到的？

C. 倾听的时候，什么是最容易做到的？

D. 你对你的员工和他们所做的工作有怎样的了解？请给出说明。

E. 为什么倾听那么重要呢？

F. 哪些不好的倾听行为，已经成为你的习惯？

情商训练 13

下一次经过你的办公场所时，停下来问问你的员工，他们的工作状况如何，不要给他们列日程或分派特定的任务，只要问问他们的感受和心理状态。他们跟你说话的时候，你要认真倾听。花一点儿时间让他们解释说明，了解一下他们的观点和感受，一定要注意自己跟员工交流的时候你自己的行为。你是否做出了什么不好的倾听行为？如果有，那么是上文所述的哪一种？这些行为对你的员工有怎样的影响？

倾听者记录

说说你在以上的实践练习中学到了什么。

情商 #14 得到欣赏和重视

情商训练目标

√	自我意识和自我控制
	与他人产生共鸣
√	社交能力
√	人际影响力
	坚持原则，把握梦想

主题

- 让学员明白，在发展人际关系的时候，真诚地欣赏他人的重要作用。
- 让学员明白，真诚地表达欣赏是管理者的一项重要技能。
- 让学员明白，真诚地表达欣赏能够加深彼此的协作关系。

预计用时

45 分钟

材料

情商训练 #14

难度系数

低等

导师教学指导

让学员提高情商的有效途径之一便是让他们回忆自己过去的工作经历，并根据以上的理论，去判断自己过去的行为，哪些做得好，哪些做得不好。回忆之后，导师应要求学员努力改善自己做得不够好的言行举止。

无论是在工作中还是在个人生活中，大家都希望得到别人的欣赏和感激，当我们获得欣赏时，自然就会做出积极正面的行为反应。但是，根据笔者的调查，我们访问的人中，有 88% 的人觉得自己并没有得到欣赏。

这次训练旨在帮助管理者回忆，自己曾经获得别人的欣赏时，做出过哪些积极正面的反应。通过回顾这些，管理者会更加明白真诚的欣赏、感激等积极情绪的正面作用。这些情绪能促进人们协同合作，提高人们的工作效率和质量。

教学指南

	大致时间
1. 综述	**1 分钟**

向学员说明，积极的情绪感染力很强。在工作中，散发积极的情绪能量的方法之一就是真诚地表达欣赏和感激。虽然每个员工对你的感激做出的回应不一样，但如果他们认为你表达感激的态度是真诚的，那么他们通常就会做出正面的积极回应。掌握表达这种正面情绪的技巧是管理者提高情商的重要学习内容。高情商的管理者明白，只有真诚地去表达欣赏和感激，他们才能够牢牢把握整个工作团队的情绪氛围。

2. 目标 **1 分钟**

本次训练是为了让学员从自己的经历中认识到，在工作中，受到重视的感觉是多么重要。如果你的回忆中有别人因为你的努力、才干和你做的贡献或其他天赋，而真正欣赏你、真正感激你的时候，那你就会意识到，自己作为管理者，在工作中，你也应拥有这样的权力和职责。在这次训练中，你将回忆起别人欣赏你、感激你的时候，也会回想到自己觉得没人欣赏的时候，跟同伴们讨论这些时候你做出的行为反应。

3. 给予指导 **15 分钟**

A．让学员做训练 #14。

B．要求学员回忆一下，他们因自己的努力而得到上司或同行欣赏和感激的时候，并按训练要求做出回答。让学员在训练页面上写下相应的事情，并回忆一下获得感激和欣赏的时候的感觉。再让学员记录一下，他们觉得自己努力了，却没有获得欣赏和重视的时候，并记录下这些时候自己的感受。

4. 总结 **25 分钟**

A．将学员分成四人一组，要求他们回答以下问题：

（1）别人的感激和欣赏，对你的表现有怎样的影响？

（2）别人的感激和欣赏，对你的自尊有怎样的影响？

（3）你怎么知道，别人表达的感激和欣赏是真诚的呢？

B．征集各组成员的答案，将它们列在活动表格上。

C．各小组成员分别回答以下问题：

（1）别人不关心、不重视你的时候，你感觉如何？

（2）管理者关心并重视员工，会对员工起到什么作用？

D．征集各组成员的答案，将它们列在训练列表上。总结一下，真诚地表达感激的作用。

讨论的主题应集中于，管理者应怎样激发出员工的积极情绪，鼓舞并激励整个集团或组织。

情商训练 14

回忆过去的工作经历，仔细想一想，你的上司因你的工作向你真诚地表示欣赏和感激的时候，上司的这种行为对你有怎样的作用？你的上司究竟是如何表达自己的欣赏和感激的？你怎么知道他当时的表达是真诚的？将这些事例记录在以下左边的表格里。你还记得自己曾经工作表现突出，但没有得到重视的时候吗？是否还有别人得到了赞赏和肯定，上司却唯独忘了你的时候？将这些事例记录在以下右侧的表格里。

优秀——我觉得自己受到了重视的时候	很差——我觉得自己不受重视的时候

情商 #15

感恩的心

情商训练目标

√	自我意识和自我控制
	与他人产生共鸣
√	社交能力
	人际影响力
	坚持原则，把握梦想

主题

■ 让学员认识到，影响他们思维能力的因素，并用感恩的态度看待一切。

■ 鼓励学员培养感恩的意识，这能帮他们真诚地表达谢意。

预计用时

40 分钟

材料

情商训练 #15

难度系数

低等

导师教学指导

在工作中分享积极的感觉是一种能够让管理者和员工协同合作的情商技巧。积极正面的感受能促使人爆发出积极的能量，管理者只有把握住了这些能量，让大家一起朝工作的目标前进，双方才会因此受益匪浅。

然而，使用这些积极的能量需要管理者具备多种不同的特质。首先，管理者对下属及他们所付出的劳动表达的感情应是真诚的。如果不是真诚的，那么表达的这些虚假情感可能会造成更大的危害和损失。事实上，大部分管理者接受的教育就是辩证地看待问题，这能让管理者改变现状，提高工作效率，并且在其他方面也能得到进步。然而，过分辩证的思维却很难让管理者对员工所做出的贡献，以及员工的优秀才干表示感激和欣赏。

因此，管理者最为难的地方就在于，既要辩证地思考问题，也要对员工的付出表示真诚的欣赏和感激。这需要管理者常怀感恩之心，善于发现员工的优点和长处，而不是只关心工作环境，只要求员工做出改善。

本次训练旨在让管理者回忆一下，自己的思维有多少是辩证式的，有多少是怀着感恩的。作为导师，你必须认识到，辩证思维是管理者成功的关键因素之一。因此，你既要向学员强调辩证思维的重要性，也要让他们既保持辩证思维，也保持感恩的心态。

教学指南

	大致时间
1. 综述 向学员说明，在工作中要用积极正面的情绪影响员工，就要善于发现他们所做出的贡献，他们所面临的挑战，他们所持有的态度，以及他们每天在工作中积极正面的表现。还要说明，最优秀的管理者想要获得进步，这就要求他们具有辩证思维。辩证思维是一把双刃剑，既能帮助管理者发现员工的出色表现，也能让他们发现员工不太好的表现，如果他们太关注不太好的表现，那就无法释放出积极正面的情绪。	**2 分钟**
2. 目标 本次训练旨在帮学员做出评估，看看你们有多少时候是抱着批评的思想，希望能找到员工犯的错误，而有多少时候是对员工的付出心怀感激的，优秀的管理者能够把握这两者之间的平衡。然而通常情况下，批评的思想总是胜过对员工的天赋才干表示欣赏，对员工的贡献心怀感激。积极的情绪表达能够促进团队的协同合作，因此，高情商的管理者既具备辩证思维，同时也对员工的付出心怀感恩。	**1 分钟**
3. 给予指导 A．让学员做训练 #15。 B．让他们完成你发给他们的资料上的圆形分格统计图。 C．让他们仔细想想，自己给员工的工作挑错的时间，以及自己发现员工的才干和贡献的时间，这两者占据的比率多少。告诉学员，管理者确实应该心怀感恩，并询问他们自己心怀感恩的时间比率有多大。	**10 分钟**
4. 总结 A．将学员分成四人一组，要求他们讨论以下问题： （1）你用辩证思维的时间，占据工作时间的比率是多少？ （2）你用感恩的心态，面对工作的时间的比率又是多少？ （3）员工听到你说得最多的话是什么？ （4）将管理者的辩证思维改成感恩的心态，对员工会有怎样的作用？	**25 分钟**

（5）将管理者的辩证思维改成感恩的心态，对管理者会有怎样的作用?

B．向所有学员做总结。简要论述在工作中保持积极正面的情绪，会给管理者和员工带来怎样的益处。并向学员说明，积极的情绪是管理者最重要的特质，能够帮管理者跟员工建立紧密的关系，促进大家的协同合作。

情商训练 15

管理者学会表达感激和欣赏是很重要的，然而，在你表达这些情绪之前，你必须建立感恩的心态。不过，与此相矛盾的是，有时候，你之所以被认为是一位优秀的管理者，是因为你已经学会了怎样挑错，怎样找机会做出改善，为了能成为这样的管理者，你已经学会了用批判的思维看待事物。因此，现在要提高情商，你就应先评估一下自己的心态。在以下的图中，画出一个圆形分格统计图，对以下所示的比率做出划分：

- 你思考员工犯错的时间比率
- 你对员工的工作心怀感恩的时间比率

示例：

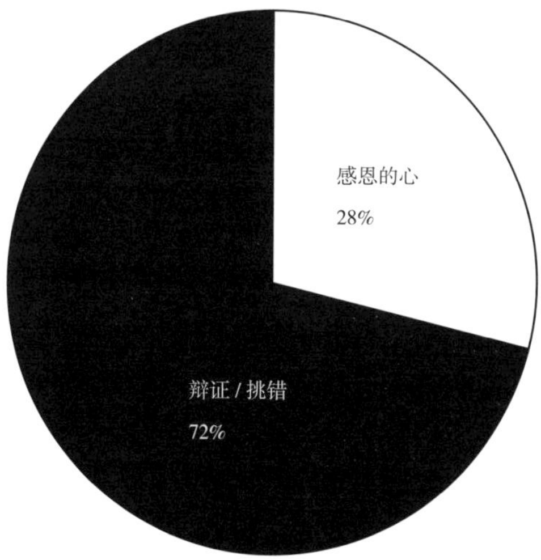

我的图示：

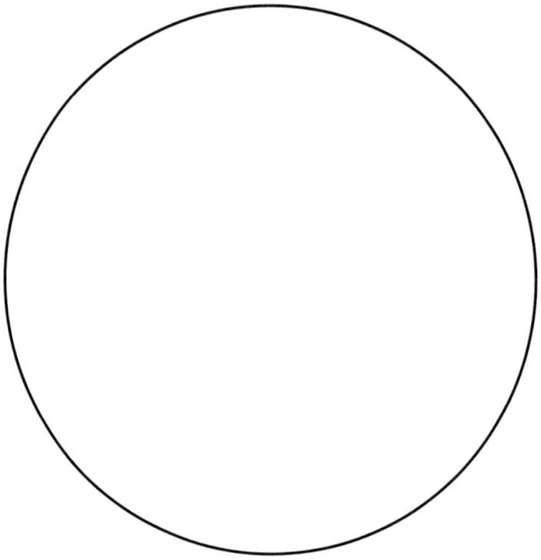

情商 #16 天赋才干

情商训练目标

	自我意识和自我控制
	与他人产生共鸣
√	社交能力
√	人际影响力
	坚持原则，把握梦想

主题

■ 让学员发现员工的优秀才干。

■ 让学员心怀感恩，这样能增强他们的影响力，帮他们与员工建立友好关系。

■ 让学员明白，在工作中获得成就需要多方面的才干。

预计用时

40 分钟

材料

情商训练 #16

难度系数

低等

导师教学指导

高情商的管理者知道，团队要想获得成功，那就需要招揽各方面的人才；他们也知道，不同的人有不同的优点和才干。成熟的管理者明白该怎样激发出员工的天赋才干，并让他们用自己优秀的才干服务于团队发展。管理者还明白，所有人都是与众不同的，如果他们认为大家都是一样的，那他们就会非常失望。只有能够发现并欣赏这些不同之处的管理者，才有能力组建凝聚力强的团队。这种管理者能够在需要的时候，激发出团队成员的才能，让整个团队共享成功的殊荣。

高情商的管理者擅长发现员工的才干和天赋，并在必要的时候激发出这些才干和天赋，第一个重要步骤就是发现自己身边最有才干和天赋的人。才干包含的领域很广，从个人拥有的独特技巧和能力，到个人拥有的资格证书、人脉网或在工作中表现出来的个性和拥有的价值观等。简单的特质，如幽默感，是一种艰难的状况中所需要的，此外，强大的组织能力也是能让某个项目更进一步的特质，因此，考虑员工的才干的时候，管理者必须考虑到更宽泛的方面。

本次训练的目标就是让管理者发现自己员工的不同才能，这也是向员工真诚表达欣赏和感激，激发出他们积极情绪的首要步骤之一。

教学指南

	大致时间
1. 综述	**2 分钟**

向学员解释，每一位员工都有自己的天赋和才干，即便是那些最难缠、最令人头痛的员工也有值得欣赏的地方。发现员工的才干是所有管理者重要的任务之一，高情商的管理者很快就能发现别人的优点和才干，他们还能很快就找到恰当的方法，利用这些人的才干和优点为整个团队服务。

2. 目标 **2 分钟**

本次训练旨在让学员识别每一位员工的天赋才干。作为管理者，你很明白，该怎样让你的员工做出改善。你会问："该怎样让他们更加优秀？"当然，让员工进步这种想法是没错的，然而，你还是需要真正欣赏并感激员工的才干。你应该问的是："我感激他们的哪些特别才干、个性品质或其他优秀的方面？"在本次训练中，你将发现你的所有员工拥有的让你欣赏的才干和天赋——是的，所有员工，也包括让你头疼的员工。

3. 给予指导 **20 分钟**

A. 让学员做训练 #16。

B. 要求学员完成训练中的资料，在才赋盒的下方写下员工的名字，然后在右侧写下他们拥有的特性和才干。

4. 总结 **15 分钟**

A. 要求他们自选同伴讨论以下问题：

（1）你觉得这次训练容易还是很难？为什么？

（2）哪一位员工是最难以列举出其优点或才干的？为什么？

（3）哪一位员工是最容易列举出其优点和才干的？为什么？

B. 向所有学员做总结，简要论述发现并欣赏员工才干的作用。只有真正地欣赏他们的优点和才干，管理者才会真诚地对他们的付出表示感恩。

注意：作为导师，你的某位学员可能正好列不出某位员工的任何优秀特质，如果发生了这种情况，请在课后向该学员咨询情况。可能那名员工是整个单位或组织里的问题人物，管理者总是听到该员工惹的麻烦事，实在无法透过这些去观察这名员工的优点和长处。这次训练并不是让我们忽略员工的缺陷和造成的问题，或者让管理者因为员工的幽默感而勉强接受员工差强人意的表现。我们只是希望，管理者能够发现员工在工作中表现出的优秀一面。在本书的另一部分中，我们将讨论该如何看待那些好像对工作没有做出过贡献的人。

情商训练 16

将你的每一位员工都视作天才，他们为整个工作团队付出了什么？记得记录下他们的才干、知识，对你们团队的价值以及他们的各类特质。在才赋盒下方写下员工的名字，在右侧的空白处记录下他们的才干和天赋。这些才干和天赋甚至可以包括幽默感。

________：

________：

________：

________：

情商 #17 是的，不过……

情商训练目标

	自我意识和自我控制
	与他人产生共鸣
	社交能力
	人际影响力
√	坚持原则，把握梦想

主题

■ 让学员思考一下，自己在工作场合，表达如感激和欣赏这类正面积极的情绪、意愿有多强。

■ 帮助学员确认一下，在他们的工作场合表达欣赏和感激有什么好处和风险。

■ 如果学员决定这样做有益，请帮助他们主动采取行动。

预计用时

45 分钟

材料

情商训练 #17

难度系数

中等

导师教学指导

多数管理者学会了或者习惯于不在工作场合表达欣赏、感激或其他积极情绪，因为他们认为，这样的行为会让员工要求涨薪，或者让员工对自己升职充满期待，等等。但是，大部分高情商的企业管理者知道，真诚地表达欣赏和感激，能够巩固自己与员工之间的关系。

本次训练的目标就是给予管理者机会，让他们自己考虑在工作场合表达感激、欣赏等积极情绪的风险，管理者还必须考虑，表达这些情绪，有怎样的作用。

教学指南

大致时间

1. 综述　　1 分钟

向学员说明，作为管理者，我们有时候会听到这样的话：表达欣赏和感激的情绪是错误的，因为这样会让员工向管理者提要求。向他们说明，表达欣赏和感激既对他们有益，也让他们承担了一定的风险，本次训练就是为了让他们弄明白表达欣赏和感激的利弊。

2. 目标　　1 分钟

本次训练的目标就是探索在工作中表达真挚的欣赏和感激，会给管理者带来怎样的利益，会让他们承担怎样的风险。本次训练会让管理者明白，表达这些情感的利弊究竟如何，并让他们自己判断，在工作中表达积极正面的情绪究竟合不合适。

3. 给予指导　　15 分钟

A．让学员做训练 #17。

B．让学员完成训练页面上的前两个问题。

4. 总结　　25 分钟

A．将学员分成四人一组，讨论训练页面中的前两个问题。

B．在训练页面中写出集体讨论的理由。

C．现在，让学员单独回答第三个问题。

D．要求学员举手表决，看看认为风险多过好处的学员有多少，并让他们对自己的看法做出解释说明。

注意：通常，大家得出的结论都是，尽管这样做有风险，但在工作场合表达欣赏和感激要更好。偶尔，某些特定的工作场合中的人会一致反对在工作场合表达这些正面积极的情绪。

情商训练 17

写出你不愿表达欣赏和感激的理由。

如果你的员工认为你是真心欣赏并感激他们，这对你会有什么好处？

你认为，在工作场合表达欣赏和感激等正面情绪是利大于弊还是弊大于利？请画一架天平图案表明自己的观点。

情商 #18 表达欣赏和感激时常犯的错误

情商训练目标

√	自我意识和自我控制
√	与他人产生共鸣
	社交能力
√	人际影响力
	坚持原则，把握梦想

主题

■ 让学员认识到，恰当而真诚地表达欣赏和谢意，与为了扩大自己的声望利用欣赏和感激欺骗员工，这两种行为的差别。

■ 让学员明白，他们表达欣赏、感激或其他积极情绪的真正动机。

■ 提高学员对虚情假意的欣赏和对虚情假意的感激的辨识度。

预计用时

45 分钟

材料

情商训练 #18

难度系数

高等

导师教学指导

欣赏、感激和其他积极情绪的真挚表达能够帮助管理者建立自己与员工之间的关系，为员工在工作中做出出色表现提供动力和支持，并巩固管理者与员工之间的关系；然而，错误的表达，或者另有目的的表达，能给工作关系带来无尽的损害。

员工都不喜欢被操纵或玩弄。如果管理者跟他们耍手腕，他们很快就会明白。如果员工认为你的动机不纯，那么就会对“积极”情绪的表达非常反感。因此，管理者必须诚挚地表达积极的情感，不要期望通过这种表达从员工那里获得什么。

在表达欣赏和感激的时候，管理者通常犯的错误包括如下几方面：

※ 希望得到收获而表达欣赏和感激

请注意，如果管理者期望用欣赏和感激获得什么利益或有别的图谋，员工将会察觉到。我们重申一次，表达欣赏和感激的唯一目的就是通过确认他们做出的努力，确定他们对你的态度，肯定他们的才干和经验去尊重他们。是的，我们相信，你表达了欣赏和感激之后，一定会得到员工的回馈。但如果管理者只希望得到回馈，而不想想自己这样做的真正目的，那么，得到的结果也必然不会好。员工只会将你的欣赏和感激当作你操纵他们的手段，而不会用同样的方式回应你。

※ 用金钱的多少衡量欣赏和感激

如果能将欣赏和感激与薪资奖励分开来，管理者将收获更多东西。一旦他们说："谢谢，给你 100 美元的奖励。"那么他们就是在用金钱衡量员工做出的贡献价值。员工会想："嗯，如果我的表现不错，那为什么只值 100 美元，怎么不值 200 美元？"表达欣赏和感激并不是要靠金钱来衡量员工的价值，而是体现出你对他们做出的努力的尊重，体现出你因他们在工作中遭遇困境仍然奋力拼搏的感激。在机构集团中，提拔和奖金是普遍存在的，但管理者必须将它们与欣赏和感激之情区分开来，以免污染了你们之间的情谊。你表达的情绪应该是从你的心底传递到对方的心底。此外，如今各种公司机构正规的薪资奖励，只要相关文件便能得到批准，不能体现出公司对人们付出的努力的关心，这都与欣赏和感激的表达方式相悖。

※ 盲目的欣赏和感激

除了将欣赏和感激与薪资奖励挂钩是错误的，盲目地表达欣赏和感激也是另一种常犯的错误，它能够抹杀掉欣赏和感激背后的良好意图。有时候，管理者并不明白这一点。也许，管理者发现保罗某项工作完成得很不错，并表扬了他，而不幸的是，他并没有看到菲利普为这项工作的成功所付出的努力。管理者对保罗表示了赞赏和肯定，那就会让菲利普觉得受到了伤害，他会认为自己并没有得到重视。

※ 冗长的欣赏和感激

不要重复说欣赏和感激的话。这种领导一天到晚总是为所有人做的一切而表达欣赏和感激，"谢谢你"这句话也因为重复使用而失去了美感。你说的话必须让听者有所收获。

※ 虚假的感谢

如果你并不是真心的，请不要向别人道谢。如果你的态度不诚恳，员工一眼就能看出来。如果你表达的不是真实的情感，最好什么都不要说，因为这对你有害而无益。

最后，高情商的管理者明白，感激或其他积极情绪并不是用来“被利用”的，相反，它们应该是对员工的技能、天赋、个性和所经历的磨难的真正肯定和赞赏。这些表达都不应有任何动机，而是真诚的。

以上清单摘自阿黛勒·B. 林恩的《寻求尊严——职场员工如何与上司建立互信关系》（宾夕法尼亚州拜耳佛农，巴容出版公司，1998 年）。

教学指南

大致时间

1. 综述　5分钟

向学员说明，人际交往的时候，真诚待人是高情商的表现之一。大部分人一想到不诚实，就会想到说谎，当然，说谎也是不诚实的表现之一。不过，大部分管理者并不是公然说谎的。然而，成熟的导师应该向学员传授能够提高自己人际交往的“技巧”。这些技巧包括如下内容：

■ “三明治”技巧——当你批评指责某人的时候，也给予对方一些正面积极的评价。

■ 正强化——管理者按要求根据特定的时间安排，为了特定的目的而进行正强化（在心理学中，正强化是指任何导致我们以后进行该行为的可能性增加的结果，就是奖励那些符合组织目标的行为，以使这些行为得到进一步加强，从而有利于组织目标的实现）。

■ 奖励和认证项目——将员工积极的回馈跟奖金联系起来，如即时奖励（指的是一旦发现员工的优秀表现就立即给予经济奖励）100美元。

不幸的是，以上的“技巧”虽然并没有造成员工不信任上司，但总会让员工觉得被利用了或受骗了。

2. 目标　1分钟

本次训练旨在检测学员在工作场所表达欣赏、感激等正面情绪时经常犯的错误。我们希望，你们回顾这些错误时，能够仔细判断，哪些情况需要表达积极正面的情绪，并发现这些情况下表达积极情绪的重要性。

3. 给予指导　15分钟

A. 让学员做训练 #18。

B. 让学员在训练页上标出自己所见过的积极“精神杀手”，并且让他们想一想这些“杀手”造成的影响。

C. 让学员分成四人一组，分别讨论一下，他们在工作场所见证或经历过的这些“杀手”所造成的影响。

4. 总结 **20 分钟**

询问全班以下问题，并做总结：

（1）你为什么认为感激可能被人视作耍手腕？

（2）什么时候感激被视为耍手腕的风险最大？

（3）人产生感激被视为耍手腕的看法，与其所在的集团组织氛围有什么关系？

注意：和谐的工作氛围能够让人产生积极的情绪。有的集团里的成员对任何情绪表达都没有信任，即便是最真诚的情绪表达也会被视作骗人的手段。而在有的组织机构里，表达欣赏和感激是让人敏感的行为，同样，在所有同行面前表达欣赏和感激，在某些机构组织里是很不受欢迎的行为。此外，对氛围的多样性的尊重也是很重要的。怎样表达积极的情绪，这个问题没有简单的答案，相反，还要留意以下两个方面：1）检查一下自己说出欣赏和感激的话的动机，看看你是否只是单纯地表达自己的情绪；2）如果是单纯的，请用自己的情商判断一下最好的表达方式。

情商训练 18

欣赏和感激的“精神杀手”——最常见的几种如下所示。在你可能见到过的“精神杀手”前画一个“√”。你认为这些“杀手”可能造成怎样的影响?

□ 欣赏和感激的程度不够

□ 冗长的欣赏和感激

□ 希望得到收获而表达欣赏和感激

□ 虚假的感谢

□ 盲目的欣赏和感激

□ 用金钱的多少衡量欣赏和感激

情商 #19 表示感谢

情商训练目标

√	自我意识和自我控制
√	与他人产生共鸣
√	社交能力
√	人际影响力
	坚持原则，把握梦想

主题

■ 让学员养成在工作场所真诚表达谢意的习惯。

■ 让学员想一想，在工作中该怎样措辞表达谢意，尤其是在你们用批评的眼光看待他人的时候。

预计用时

50 分钟

材料

情商训练 #19

难度系数

高等

导师教学指导

有时候，不表达感谢并不是因为情商不高，而只是一种习惯。管理者通常会告诉笔者，他们总会想到自己的员工、同事或其他人表现优秀的时候，他们内心里非常欣赏他们，也感激他们付出的努力，不过却总是忘记告诉对方。

养成表达积极情绪的习惯很重要。本次训练旨在帮助以下两类管理者：

■ 对那些通常不去发现员工的出色表现的管理者，本次将让他们去发现。

■ 对那些发现了员工的出色表现，却总没来得及表达欣赏的管理者，本次训练将让他们养成这样的习惯，及时表达欣赏和感激。

有积极的想法却并不实施，近似于根本没有想法。员工无法领悟管理者的思想，因此，如果管理者不主动去表达，员工就不会明白你对他们的欣赏和感激。

教学指南

大致时间

1. 综述　　2 分钟

向学员说明，员工看管理者大都是通过观察他的行为习惯来看的。如果管理者习惯不向员工打招呼，即便管理者在生活中热情开朗，员工也会认为这样的管理者很冷漠，不够友好。还要说明，有没有表达积极情绪的习惯是很不同的，即便管理者真的很看重自己的下属和同行，但如果不表达出来，下属和同行还是会认为他们不重视自己。

2. 目标　　1 分钟

本次训练的目标有如下两个方面：

■ 对那些通常不去发现员工做出的出色表现的管理者，本次训练将让他们去发现。

■ 对那些发现了员工的出色表现，却总没来得及表达欣赏的管理者，本次训练将让他们养成这样的习惯，及时表达欣赏和感激。

3. 给予指导　　5 分钟

A. 让学员做训练 #19，并给他们 25 封感谢信。

B. 让他们在接下来的一周时间里，对自己赠送了感谢信的员工进行记录，并说明为什么要送给他们。

C. 不要限制学员送的感谢信数量，但要说明，你在下一次上课时，会问他们送感谢信的情况。

4. 跟踪随访　　20 分钟

A. 让学员说一说他们在这一周里送出的感谢信数量。

B. 用如下的方式在训练表格上记下送信的数量：

20 ~ 25

15 ~ 19

10 ~ 14

5 ~ 9

0 ~ 4

5. 总结 **20 分钟**

用以下问题做总结：

（1）问学员，你们有的送得多，有的送得少，造成这种差异的原因是什么？

（2）你是否记得确切的感谢信数量？为什么？

（3）收到感谢信的人做出了什么反应？

（4）还有什么别的非薪金的方式让你表达对员工的感谢？

情商训练 19

买一个至少能装 25 封感谢信的包裹，将这些放在你的办公桌上两周时间，每天都要找机会，去感谢你在公司或组织里遇到的人，去感谢你的下属、同事甚至是邮递员。养成这样的习惯，对人们付出的努力、掌握的技能、态度或做出的贡献表示感谢。请记录下你将感谢信送给了哪些人，并说明理由。

感谢记录

星期一

星期二

星期三

星期四

星期五

情商 #20

偏心

情商训练目标

	自我意识和自我控制
√	与他人产生共鸣
	社交能力
	人际影响力
√	坚持原则，把握梦想

主题

■ 帮助学员了解，员工希望管理者平等对待他们的重要性。

■ 每一位员工的才干和付出都是不一样的，管理者应该同等对待他们，对每一位员工都应具备感恩之心。

■ 让学员了解，情感在提高行事效率上的作用。

预计用时

50 分钟

材料

情商训练 #20

难度系数

中等

导师教学指导

无论是在工作中还是在私人生活中，人们都期待公平，如果这种感觉受到了干扰，那么他们就会认为自己被利用了，这样就会磨掉他们办事的热情。因此，当某些员工承受了不公平待遇的压力，而另一些员工却自由自在的时候，这些承受压力的员工就会产生不满和怨恨。为了避免员工出现这种感觉，管理者必须认识到，员工都希望管理者创造合理且公平的工作氛围。

高情商的管理者明白，自己的职责之一就是监督并管理员工，让他们尽到自己的职责，让各方参与人员负责自己的职责。掌控全局的管理者应创造大家协同合作的工作氛围；而那些偏心的管理者，则会造成员工怨声载道，失去同行的信任。

但是，管理者也明白，公平和人们的看法是很难把握的，员工对什么是公平、什么是不公平都有各自的看法。然而，高情商的管理者必须能够敏感地察觉到那些无理要求背后的真正含义，他们明白，工作中难免会遇到不公平的待遇，不过，他们会尽力让自己的工作团队避免遭遇到这种待遇。

在做这一部分训练的时候，导师必须帮助管理者把握平衡，让他们学会分辨，哪些是员工提出的合理要求，哪些是不知足的抱怨。最重要的是，不要完全无视那些无理抱怨的人和他们提出的问题，因为他们透露的某些信息可能是让管理者办事效率更高的真理。因此，导师必须跟学员一起探讨，该怎样创建公平公开的工作氛围。

教学指南

	大致时间
1. 综述	**2 分钟**

向学员说明，在工作中，员工通常都会要求上司和老板公平对待所有人。员工总会抱怨工作压力太大，工作不如自己劳累的员工待遇却比自己更好，上司或老板更喜欢其他员工，自己总是很难晋升等。还要说明，这些观点是企业单位普遍存在的，而且很难改变。然而，管理者有职责创造尽可能公平公正的工作氛围，这意味着，你必须对所有人的要求一视同仁，而且给所有人提供同等的机遇。能够创造这种氛围的管理者，才能够促进整个团队协同合作，提高大家的行事效率。如果员工在这个方面对管理者不信任，那么他们自然不会相信他，而且也不会在工作上投入热情。

2. 目标　**2 分钟**

本次训练旨在从学员的经历中找到证据，证明在工作中公平对待员工的益处和不公平对待员工的坏处。从你自己的经历中去看，你可能更理解你的员工持有的观念。此外，本次训练还会帮你了解，如果员工认为自己遭到了不公平对待，他们产生的消极情绪将造成怎样的影响。在本次训练中，你将回忆起，自己认为工作负担合理但过重的时候，以及你认为工作负担不合理且过重的时候，并一起讨论自己因这些想法而做出的反应。

3. 给予指导

A．让学员做训练 #20。

B．让学员回忆一下，自己参与过的某个群体性项目，自认为参与其中的所有人都为其成功付出过心血的项目。也许你加入过的某个团队真的是协同合作的，因为大家都受到了平等对待。在训练页面上写下这些事情，并回忆一下这种情况引发的自己的感受。还要让学员写出，在某个团队或某种工作环境下，自己感觉受到了不公平待遇的时候。并问问学员在这种情况下自己的感受。管理者应该怎样改善这样的局面？

15 分钟

4. 总结　**30 分钟**

A．将学员分成四人一组，分别讨论以下问题：

（1）公平对待员工，对整个工作团队有何益处？

（2）公平对待员工，对你的表现有何影响？

（3）管理者该如何让员工有公平的感觉？

B．收集各小组成员的答案，并将它们列在训练列表上。

C．让各组成员探讨以下问题：

（1）不公平的感受，对整个工作团队有何影响？

（2）这些不良的感受，会造成员工怎样的表现？

（3）管理者能采取什么行动，创建公平的工作氛围？

D．收集各小组成员答案，并将它们列在训练列表上。让全体成员一起讨论：管理者怎样才能激发出员工的积极情绪，促进团队的团结合作？

情商训练 20

回忆过去的工作经历，想一想那些你认为工作是公平合理的特定情况，你确信你的上司考虑到了公平性问题，公平合理地分配了工作任务，在下方表格左侧的“优”栏里写下这些事例。那么，什么时候你觉得你接受的工作是不合理的分配呢？你什么时候见过你的同事并没有做出如你这么多的贡献，但没有获得批评和惩罚呢？你什么时候认为，你的上司在分配工作任务的时候是不公平的呢？你的上司或老板是否做过什么行为，促进这种不公平的分配？如果有，请在以下列表右侧的“劣”栏里写出这些事情。

优——公平待遇	劣——不公平待遇

情商 #21

公平分配

情商训练目标

	自我意识和自我控制
√	与他人产生共鸣
	社交能力
√	人际影响力
√	坚持原则，把握梦想

主题

- 让学员评估，他们的员工在工作中所做贡献的重要程度。
- 让学员了解，那些对工作做出贡献少的人对优秀员工的影响。
- 让学员明白，管理者在创造公平的工作氛围这方面的作用。

预计用时

55 分钟

材料

情商训练 #21

难度系数

高等

导师教学指导

人们在工作时做出的贡献，既逃不过管理者的眼睛，也逃不过同行和其他人的眼睛。员工认为大家的工作都是平等的，他们就更容易接受自己应承担的工作量。然而，员工如果认为，有的同行看起来非常悠闲，没有像自己那样辛苦，他们就会开始抱怨。还有，如果员工认为，自己的上司或老板没有为工作付出太多，他们也会抱怨。不用说，很多的怨言，都是因为类似的观念和看法引起的。不过，高情商的管理者明白，自己的职责之一就是控制员工的观念和思想，创造一个看起来公平合理的工作氛围。

本次训练要求学员对他们的员工做出的贡献进行恳切的评估。所有的管理人员心中都有比较偏爱的对象，他们的表现确实比其他人更好，而有的员工确实表现不够突出，有这些差异很正常，所以，导师应让学员根据自己的标准对员工做出评价，你设定的标准应是大部分人在平常的条件下都能完成的，你认为的“完美贡献者”是根据这一标准定的。

高情商的管理者明白，自己的职责之一就是让员工对自己的工作负责。能让所有员工都对自己的工作负责的管理者，创造的是协同合作的工作氛围；而让某些自己欣赏的员工过得舒适清闲的管理者，则会引起员工和同行的抱怨和不信任。

教学指南

	大致时间
1. 综述	**3 分钟**
向学员说明，管理者的职责就是管理员工在工作中付出的劳动量。还要说明，尽管劳动量多少是有争议的话题，但员工若认为大家所付出的都相差无几，那么他们就会非常信任自己的管理者；不过，如果员工认为有的员工在工作上的付出不如其他人，那么那些对工作尽职尽责的人就会心生抱怨。还有，在很多情况下，如果员工的表现不尽如人意，就会得到管理者的批评和指责，而这种批评会引起员工的消极情绪，还会引出工作团队里的更多问题。要提醒学员，给予员工鼓励，让他们用积极的情绪面对工作，也是管理者的职责。因此，对人对事总是指责抱怨的管理者，他的团队也不会有最佳的表现。	
2. 目标	**2 分钟**
本次训练旨在让你对你的员工做出评价，并评估他们所做出的贡献。你应将你的每一位员工都称作"对工作尽职尽责的员工"，这种员工在平常的情况下，都会尽职尽责地完成自己分内的工作。让你考虑一下你的员工为工作所尽的职责，是因为这会让你关注两个问题：（1）你作为管理者，应怎样对待那些没有尽到全部工作职责的员工；（2）这些没有尽到自己职责的人，对其他员工和整个工作团队的影响。	
3. 给予指导	**15 分钟**
A．让学员做训练 #21。 B．让每一位学员回想一下自己员工的表现，让他们按照员工尽职尽责的程度来划分自己的员工。最重要的是，管理者不能将自己最喜欢的员工当作最尽职尽责的员工，并按他的标准来对其他员工做出划分；相反，尽职尽责的员工，就是你认为在平常的条件下，能够完成所有日常工作的员工。	

4. 总结 **20 分钟**

A．将学员分成四人一组，让他们回答以下问题：

（1）在工作中没能尽到自己职责的员工，对你这位管理者有怎样的影响？

（2）在工作中没能尽到自己职责的员工，对团队里的其他员工有怎样的影响？

（3）为了处理那些表现并不好的员工，管理者应承担怎样的职责？

注意：学员一定不能将业绩不好的责任推卸给组织集团里的其他人或部门，如人力资源部、工会，或直接转移责任。如果有学员出现了以上的问题，就要提醒学员，管理者应承担的责任，并告诫他们，团队组织的管理者是有责任为团队成员的行为设置标准的，但是，这不是一件容易的事。

B．让每位学员单独回答训练中的第 3、4、5 题。作为导师，你应该抽时间跟学员单独讨论这些问题。 **15 分钟**

情商训练 21

1. 在以下的长条图中，为你的员工和你自己画下相应的长条状图，表明你认为每个人在工作中尽职尽责的程度。最左侧的一条是最尽职尽责的员工的程度标准。按照这个标准，画下你认为自己和各位员工尽职尽责的程度如何。

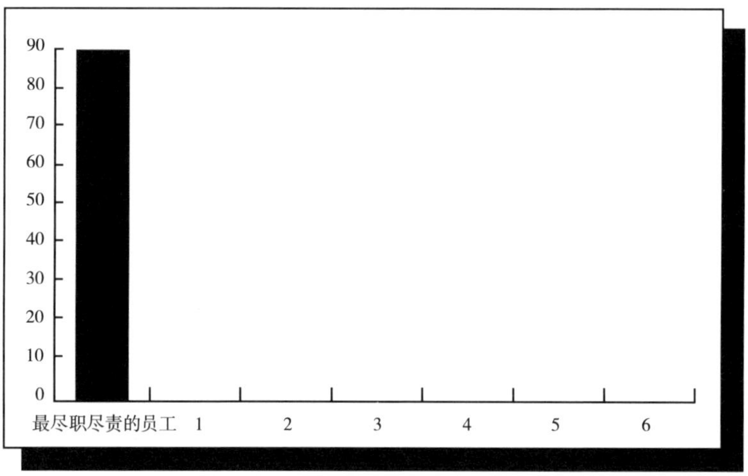

2. 看看以上的图，你认为那些表现不够尽职尽责的人，对你有什么影响？这些人对他们的同事有什么影响？

____

____

____

____

3. 每个人偶尔都有工作时没有尽到应尽职责的时候，然而，如果这种情况出现的频率很高，那么管理者和同事就都会抱怨不止。你在上图中所标出的表现不够尽职的员工，曾让你和他的其他同事抱怨不止，非常恼怒吗？如果是这样，那么你必须向该员工指出他存在的问题，并对整个工作团队的工作状况进行管理。这种情况是否严重影响了你和其他人的工作？你认为有必要做些什么来改善这个人存在的问题吗？如果觉得有必要，请再回答第 4 题和第 5 题。

4. 为了恰当地指出员工的表现不尽如人意，你是怎样做的？如与当事员工讨论已出现的问题，并告诉他，你对他的期待；跟这名员工讨论一下该怎样改善他的言行举止；对他进行再教育；跟你的上司讨论这一情况；向其他人征询建议，如人力资源部工作人员；为这一情况写文件进行声明；按计划采取相应的行动；不断掌控局面；随时提供反馈；在奖惩员工的会议上时，将这一问题提出来；或向工会代表反映情况。

5. 你还打算采取哪些措施？什么时候开始行动？如果你实在确定不了该怎么做或什么时候开始做，请向其他人征询意见。这个问题很重要，不容忽略。

情商 #22 尽职的老板和上司

情商训练目标

√	自我意识和自我控制
√	与他人产生共鸣
	社交能力
√	人际影响力
	坚持原则，把握梦想

主题

■ 让学员明白，他们的员工对他们也有期待。

■ 让学员知道，如果员工对上司的表现感到失望，那么员工对上司的期望值就会降低，这就会酿成许多问题。

■ 让学员明白，无论是员工对老板的建议和期待，还是老板对员工的期许，最好是相互沟通，交流清楚。

预计用时

45 分钟

材料

情商训练 #22

难度系数

高等

导师教学指导

本次训练特地提供机会，让管理者通过他们员工的视角来看看自己。作为导师，你最重要的职责就是要确保让大家配合本次训练。

本次训练要求管理者按员工的视角评判自己是否是一位尽职尽责的优秀领导者。大部分管理者可能认为，自己很尽职，然而本次训练最重要的是要让学员认识到，自认为尽职尽责是不行的，员工认为管理者尽职尽责才是最重要的。为什么这一点那么重要呢？因为管理者是否尽职尽责这个问题，能够影响到员工对公司的前景的期望。如果员工的表现令管理者感到不满，那么管理者就会指责批评不断；同理，如果员工认为，自己的领导没有达到他们的期望，他们也会怨声不断。但是，我们要知道，有的时候，员工没能达到管理者的期望，是因为他们不明白，管理者对他们究竟有什么样的期望；同样，管理者有时候也不明白员工对他们的期望，所以，双方的沟通交流就尤为重要了。但首先作为管理者，还是要对他人的工作做出诚恳而实在的评价，不能够只批评。

因此，导师应要求你的学员将自己当成各自团队里的普通员工，并让他们从普通员工的视角来看自己。因为管理者总是忙于各种会议，所以员工的提问或请求帮助总是得不到回应，那么，学员站在员工的角度，会对这种情况感到失望吗？也觉得自己没有得到合适的资源或培训来完成工作吗？是否认为，给员工必要的帮助和培训是管理者的职责？你是否认为，自己是一位尽职尽责的管理者？

教学指南

	大致时间
1. 综述	**3 分钟**

向学员说明，管理者自认为为工作所付出的，与员工认为管理者为工作所付出的，程度可能是不一样的。你自认为确实尽到了职责，员工可能还是会抱怨管理者，还可能认为，管理者并未尽到自己的工作职责。导师应让学员明白，有这种差异是很正常的，如果你不认同这种差异，可能会恶化管理者和员工之间的关系。还要说明，高情商的管理者明白，这种观念上的差异可能会引起员工的消极情绪，让他们失去工作的积极性和热情，让整个团队都无法达到既定的目标。导师需要提醒学员，即便管理者确实非常努力地在尽自己的职责完成工作，如果员工认为你没有，那么你就该跟员工就此进行讨论。

2. 目标 **2 分钟**

本次训练的目标是让学员从员工的角度看待自己的工作情况。学员应该调查一下，你下属的每位员工怎样评估你对整个工作团队的付出。了解了你的每位员工对你的表现的看法，你就可能会发现自己还有一些未满足的期望，这就可以改善你跟员工的关系。此外，通过这次训练，你也许还会发现其他需要跟员工进行深入沟通交流的问题。

3. 给予指导 **15 分钟**

A. 让学员做训练 #22。

B. 让学员问一问，员工如何定义尽职尽责的管理者，还有按照员工的定义，如何评价管理者的表现。虽然管理者可能不会赞同员工的定义，但本次训练的目的是要看看双方对管理者的看法是否有差异，而不是去争论员工的观点是否合理。

C. 让学员想一想，某些员工对自己的看法为什么跟其他人不同。

4. 总结 **25 分钟**

你的表格上的长条长度相同吗？你认为出现差异的原因有哪些？让学员分成四人一组，回答以下问题：

（1）你应该做些什么来满足员工对你的期待？

（2）虽然管理者也会花时间跟员工讨论期望，不过这种讨论通常都是单方面的——都是管理者表达自己对员工的表现期待。你认为管理者也会去了解员工对自己的期望吗？你认为了解员工对管理者的期望有作用吗？

（3）你有责任去了解员工对你的期待吗？

注意：有的学员会很快发现讨论这个问题很有益处，然而，也有学员会对此质疑。作为导师，你应该告诉学员，了解员工对管理者的期望，不是让员工告诉管理者该做什么，而是能让双方都提高情商，建立健康的合作关系。

情商训练 22

你要求员工在下面的图上画一条柱状体来体现你对公司尽职尽责的程度，他们会给你打多少分？把对你的打分情况收集起来，如果各位员工的长条长度不一样，为什么会不一样呢？你为什么认为你的员工对你的表现的评价是如图所示的那样呢？

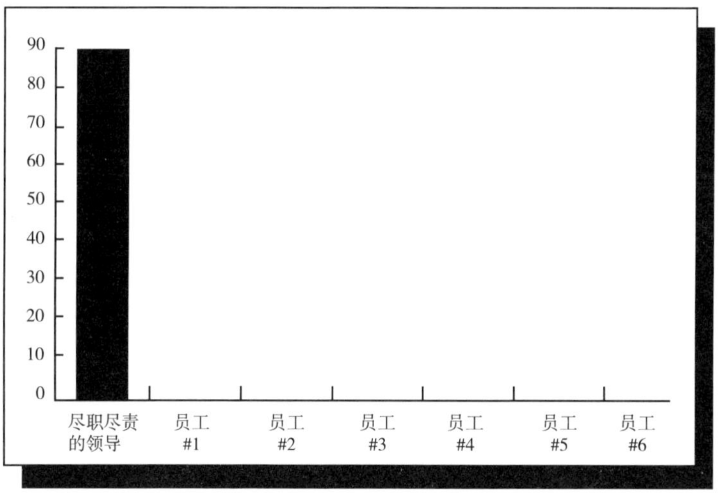

情商 #23 行为反应

情商训练目标

√	自我意识和自我控制
√	与他人产生共鸣
	社交能力
√	人际影响力
	坚持原则，把握梦想

主题

■ 让学员认识到，他们对待不同员工的不同态度和行为会造成怎样的影响。

■ 让学员认识到，在采取行动之前，先要了解自己的行为会对员工的情绪产生怎样的影响。这一点很必要。

■ 让学员明白，他们在创造积极的情绪氛围方面应该承担的职责。

预计用时

45 分钟

材料

情商训练 #23

难度系数

中等

导师教学指导

牛顿提出他的第三运动定律的时候，应该没有考虑到情感。第三运动定律是这样的：“相互作用的两个物体间的作用力和反作用力总是大小相等，方向相反，且作用在同一条直线上。”这一定律同样适用于人的情绪。管理者必须清楚自己的行为可能引起什么样的后果，不幸的是，跟自然界的法则不同，每个人对这一方面的敏感度是不同的。

然而，高情商的管理者总是清楚自己在什么时候该做出什么样的行为，因为他明白，自己的言行会引起怎样的后果，造成怎样的影响。对高情商的管理者而言，这种思想几乎是无意识地就进入了脑海里。研究显示，仔细考虑自己的行为对他人造成的影响是高情商者的标志。

本次训练旨在帮助管理者发现，自己一个简单的动作可能引起的多种不同反应。这不是要让你分辨自己的行为是否合适，而是让你明白，不同的人对同一个行为可能有不同的理解。

鼓励学员在回答的时候运用自己的想象力，让他们自由畅想一番。

教学指南

	大致时间
1. 综述	**2 分钟**
向学员说明，管理者越是明白自己的行为举止可能引起的反响，就越能够创造自己所希望创造的工作环境。还要说明，高情商的管理者在做出行为之前，会先对其进行评估，然后根据这一评估对言行举止做出修改。给出自己在私生活方面的事例进行说明，如在家里，妻子抱怨家务活儿太多的时候，如果丈夫准备周末去打高尔夫，就会不告诉妻子。	
2. 目标	**2 分钟**
本次训练旨在提高你的敏感度，让你更加明白你的员工可能对你的行为做出什么反应。与人一起工作的乐趣，跟与机器一起工作是不同的。推断行为反应造成的后果和影响之所以重要，是因为在未做之前，就想到了行为可能造成的后果和影响，这样，你就可以改变自己想要做出的行为。	
3. 给予指导	**20 分钟**
A. 让学员做训练 #23。 B. 让学员想一下，自己近期送出的便笺、邮件和口信，完成训练中提出的问题。让学员想象员工对管理者的这些行为会做出怎样的反应。让学员尽情发挥想象力，享受这次训练的过程。	
4. 总结	**20 分钟**
将学员分成四人一组，让他们分别回答以下问题： A. 作为管理者，为什么预测自己的行为引起的反应那么重要？ B. 这次训练对创建自己所期望的工作氛围有什么影响？ C. 你为什么要预测别人的反应？ **注意：**让学员明白，这样做是鼓舞人心的行为，而不是让人感觉有压力的行为。你对工作环境的影响能力，取决于你能创造怎样的工作氛围。这种训练是让你创造你期待的工作氛围的关键因素。	

情商训练 23

你所采取的行为和你决定不做的行为，都向别人传递了某种信息。回忆你近期向员工送出的 10 份工作备忘录、邮件，打过的电话或口头传达的关于工作的话，在左侧写下你做出行为的真正意图。运用你的想象力，想象一下，别人可能从你的言行中获得什么跟你的本意不符的信息。请尽情天马行空地想象一下，尽量想一些富有创造性的想法。想一想这些话和行为可能让人产生什么想法，在右侧写下你想到的答案。

示例：我给约翰发了信息，即将召开安全会议。	我不相信他会记得。 他对自己的日程都不关心。 安全很重要。 我想他应该是阿尔茨海默病早期患者。 我只是想提醒一下他，以减轻他的负担。
________________	________________
________________	________________
________________	________________
________________	________________
________________	________________
________________	________________
________________	________________

情商 #24 坚定立场

情商训练目标

	自我意识和自我控制
	与他人产生共鸣
	社交能力
√	人际影响力
√	坚持原则，把握梦想

主题

■ 让学员意识到，坚持梦想和目标的重要性。

■ 让学员意识到，坚持梦想和目标是管理者的标志。

■ 让学员明白，向不同的员工传递不同的关于梦想和目标的信息的危害。

预计用时

45 分钟

材料

情商训练 #24

难度系数

高等

导师教学指导

管理者负责选择方向，他做出的决定对整个团队而言是最重要的，他有权选择优先处理哪些问题，去哪里找相关资源寻求帮忙。虽然管理者做这些工作更多的是通过人际关系和影响力，而不是强劲的策略，但管理者是整个团队前进方向的决策者。员工最普遍的一个问题就是，有些管理者立场不够坚定，特别是在需要管理者立场坚定的时候，他却摇摆不定。

高情商的管理者明白，坚定立场很重要。管理者如果能够坚持梦想和目标不放弃，那么他们的跟随者就会团结一致，为梦想和目标而奋斗。如果管理者立场不够坚定，向不同的员工传达了不同的关于梦想和目标的信息，那么跟随者就会变得困惑甚至恼火。这并不是说，管理者在听从了下属的建议之后，就不能更改自己的想法，我们这里讨论的是，那些对梦想和目标摇摆不定的领导者，他们的这种特质会怎样影响他们与员工之间的关系，会让员工怎样质疑他们的管理能力。

本次训练的目标是帮管理者确定坚定立场的重要性。学员将按要求回忆一下，他们决定按照某个方向前行时的情景，以及这个决定所带来的影响。管理者还要按要求验证一下，如果自己立场不坚定，会产生怎样的后果。

有时候，缺乏自信或不够自律的管理者明确了自己的梦想和目标，然后又放弃了。这种行为也会让跟随者感到困惑，而且也不会得到跟随者的拥护。

教学指南

	大致时间
1. 综述	**2 分钟**

向学员说明，仅从定义上而言，管理者的职责就是成为决策者，决定整个团队努力的目标和方向。因此，管理者坚定目标的能力是非常重要的。有时候，管理者放弃了既定的目标，或者向不同的员工传递了不同的信息，这就会让跟随的员工感到困惑甚至恼怒。这并不是说，优秀的管理者不能偶尔改变一下目标，但如管理者总是摇摆不定，这就会破坏他与员工之间的关系。还要向学员说明，有时候，管理者坚持梦想和目标是正确的决策，但得不到拥护，这就需要勇气去坚持。

2. 目标　**1 分钟**

本次训练旨在帮你评估，什么时候你应该坚持你所选择的梦想和目标，还会让你明白，因为没有勇气或不够坚定而改变梦想和目标，会给你的生活造成怎样的影响。

3. 给予指导　**15 分钟**

A．让学员做训练 #24。

B．让每一位学员回忆以下所列的内容，完成训练问题：

（1）自己就某个问题选择了某个立场，而且并没有放弃或退缩，因为你认为自己做的是正确的。

（2）自己对某个问题并未表明立场，现在回想起来，觉得自己做错了。

（3）自己就某个问题表明了立场，但并没有坚持自己的观点。

（4）每一次回忆都要求学员想想，自己的行为对下属产生的影响。

注意：也可以让学员想一想，别的管理者因为没确定立场，或确定了立场随后却改变了，这些行为对该管理者所在的团队或组织产生的影响。对某些集团或组织而言，管理者确定自己的立场能避免让自己的团队受到不利的影响。

4. 总结　**25 分钟**

A．让学员分为四人一组，分别回答以下问题：

（1）你表明立场、坚定信念为什么那么重要？

（2）你的员工怎么知道你的态度是认真的?

（3）如果你先表明了立场和态度，但在情况变得艰难时选择了放弃，这对你的员工会有怎样的影响?

（4）如果你在该声明立场和态度的时候，没有这么做，那这对你的员工又有怎样的影响?

B．就以下几点做出总结：

（1）在遇到阻力的时候，坚持梦想和目标是需要勇气的。

（2）下属若不相信管理者会在自己选择的道路上继续走下去，那么他们通常会抵抗自己的管理者。

（3）如果管理者有合理的理由改变自己的立场，只要管理者不会经常表达出相悖的看法，员工都会理解并尊重管理者的决策。

情商训练 24

回忆一下，你自己就某个问题向员工声明了你的立场，并且一直坚持自己的梦想和目标。你都做了些什么？你的员工怎么知道你是认真的？你对此有什么感觉呢？

回忆一下，你曾就某个问题表明了立场，但后来却放弃了。这对你的员工有怎样的影响？这对你又有怎样的影响？

回忆一下，你曾在应该表明立场和态度的时候没有这样做的情况。你为什么没有表明立场和态度呢？你对此感觉如何？

情商 #25 我重视，我们就重视

情商训练目标

√	自我意识和自我控制
	与他人产生共鸣
	社交能力
√	人际影响力
√	坚持原则，把握梦想

主题

■ 让学员意识到，自己巩固所在单位或组织的价值观这方面的重要性。

■ 让学员明白，不一致的价值观会让员工感觉混乱、困惑，甚至让他们恼怒。

预计用时

40 分钟

材料

情商训练 #25

难度系数

中等

导师教学指导

除了要为工作团队确定努力的方向和路线，管理者还要确定整个团队的价值观，这个价值观指的是工作完成的方式。通过管理者的言行举止，员工能够知道管理者重视的究竟是什么。确定了这些信息，员工才明白自己的立场和希望应该是怎样的。然而，如果这些信息是不确定的，员工就会觉得困惑。例如，如果一位经理说自己看重为客户服务，然而在实际工作中，却并不重视客户的需要，那么他所说的跟所做的就完全不相符，也就是他的言行相冲突了。

高情商的管理者言行是一致的，他们所传递的信息正是自己所重视的，这些信息与他们的言行举止是相符合的，言语和行动相互支持。本次训练将帮助管理者确定自己想做的行为是否与自己的价值观相符。当然，没有哪家工作单位或组织是完全相符的，如果管理者大部分的言行是一致的，那么偶尔出现不相符的情况，人们就能够理解并原谅。

员工很容易注意到管理者的价值观冲突。如果管理者传递出了相互矛盾的信息，员工马上就能感觉到。员工的价值观很强，因此也明白哪些行为是可以接受的，哪些是不能接受的。管理者的价值观为员工的奋斗和努力指明了方向，并让员工明白自己该如何去做。

教学指南

	大致时间
1. 综述	**2 分钟**
向学员说明，管理者的价值观奠定了工作环境的氛围，价值观能帮助他做出重要的抉择，价值观是做出这些抉择的前提。然而，如果管理者的言行与价值观不符，那么员工就会感到困惑甚至是恼怒。高情商的管理者明白，要想成功地与员工建立稳定的关系，就必须设定自己团队的价值观，并通过自己的言行举止，向员工传递这些观念。高情商的管理者也明白，如果自己的言行举止与自己提倡的价值观不符，将会造成怎样的后果。	
2. 目标	**2 分钟**
本次训练旨在让你对自己所持有的价值观，以及你向员工所传递的价值观做出评估。如果这些观念是不相符的，就会损害你和员工之间的关系。此外，如果员工都很明白你所传递的价值观，那么他们就能据此做出更优秀的工作表现，管理者的工作也会更加轻松。	
3. 给予指导	**10 分钟**
A．让学员做训练 #25。 B．让学员用不同颜色的笔记录以下的价值观，完成训练中的问题： （1）管理者认为对自己的工作团队最为重要的五种价值观。 （2）员工认为对自己的工作团队最为重要的五种价值观。 （3）整个团队认为最重要的五种价值观。 （4）查看以上三者是否有差异。	
4. 总结	**25 分钟**
A．将学员分成四人一组，回答以下问题： （1）你自己所重视的，员工认为你所重视的，与整个工作团队所重视的内容有什么不同吗？请对此做出说明。 （2）管理者设定对团队而言最为重要的价值观，这一点为什么重要？	

（3）如果你的价值观跟团队的价值观不同，会怎么样?

（4）不同的价值观对整个团队有什么影响?

（5）怎样才能巩固你希望在整个团队确立的价值观?

B．就以下几点做出总结：

（1）所有的组织团队都有自己的价值观，普遍接受的价值观就是那些经常听到和感受到的观念。

（2）如果管理者没有设定价值观，那就会有其他人来设定。有时候，团队所持有的价值观并不是团队所有成员最拥护的价值观。

（3）管理者有无限的权力可以决定团队的价值观，不过要坚持这些价值观。因此，管理者和团队的一言一行、一举一动都必须依据这些已确定的价值观来决定。

情商训练 25

以下所列的是工作团队可能持有的价值观。用蓝色墨水笔圈出五种你在工作时最重视的价值观，请注意，不是圈出你认为你看重，或者团队评价你应该看重的价值观，而是你真心看重的五种价值观。你还可以写出其他你所想到的价值观。用另一种颜色的笔圈出五种你认为你的员工觉得对你很重要的价值观。这两者会有差别吗？

办事迅速
关系和谐
尊重他人
整洁干净
安全意识
客户满意度
有责任心
有创造性
企业家精神
团队意识

追求完美
融洽优秀
态度诚恳
有秩序
开明
直率
足智多谋
集体意识
独立自主
互帮互助

____________________　____________________
____________________　____________________
____________________　____________________
____________________　____________________
____________________　____________________

按照以上的列表，圈出五种你认为你的团队或组织最重视的价值观（如果你的团队有既定的价值观，那这些价值观跟你认为团队最重视的价值观可能是一致的，也可能不一致）。你认为最重要的，与团队既有的价值观有差别吗？

情商 #26 奉献精神的“杀手”

情商训练目标

√	自我意识和自我控制
√	与他人产生共鸣
	社交能力
√	人际影响力
	坚持原则，把握梦想

主题

- 让学员分辨在工作中经常遇到的“精神杀手”。
- 让学员明白，这些“精神杀手”可以制造出消极的工作氛围。
- 让学员分辨自己的言行举止中可能存在的“精神杀手”。

预计用时

45 分钟

材料

情商训练 #26

难度系数

高等

导师教学指导

根据我们的调研，员工举出了以下四种他们认为会降低办事质量和效率，降低人的进取心的“精神杀手”：

1. 管理者仅对某些人抱有期待——管理者认为只有下属中的某些员工表现优秀，而其他员工都没有达到这一标准时，这些员工就会认为管理者辜负了他们。这时候，有的员工就会做出反应，不再为这个集体或团队付出努力。不是所有的员工都会离开团队，不过即便是留在团队里的员工，跟管理者之间的关系也会很紧张。员工认为，管理者的职责之一就是要公平地对待所有员工，如果管理者没有做到这一点，他们就会抱怨管理者没有尽到职责。

2. 管理者言行不一——如果管理者说一套，做一套，员工很快就能分辨出来。高度的互信是因为人们长期的言行一致而建立的，因此，如果员工认为管理者言行不一，管理者就会失去员工的信任。信任的缺失让员工丧失了工作的热情和斗志，产生了消极情绪，自然也就不能提高工作的质量和效率。

3. 懦弱的管理者——如果员工认为管理者在需要做出决策的时候没有做出决策，那么员工就会很失望。员工认为，如果这个决策确实需要管理者来做出，那么管理者就应该做出决策。管理者的优柔寡断、犹豫不决会让员工失去工作积极性，让员工不理会工作，从而破坏整个团队前进的动力。（我们并不是说，员工希望所有的决策都由管理者来做。很多情况下，管理者和员工都喜欢用一起商讨的办法来确定决策。然而有时候，一起商讨并不是最好的解决办法，这时候，管理者就应该挺身而出，自己做决策。）

4. 管理者不够坚定——如果管理者做出了决定，但没有坚持到底，员工就会认为管理者言而无信。这样，管理者就创造了一种工作氛围：员工明白即便等得再久，自己期待的事也不会发生，因为管理者不能坚持自己的选择。这会打消员工的工作积极性，并让员工失去对管理者的信任，因为管理者的言语并没有得到其行动的支持和验证。

以上所列出的内容摘自阿黛勒·B. 林恩的《寻求尊严——职场员工如何与上司建立互信关系》（宾夕法尼亚州拜耳佛农，巴容出版公司，1998 年）。

高情商的管理者知道，以上列出的“精神杀手”会让整个团队付出代价，让大家失去工作积极性和工作的动力。管理者要想实现某个目标，就必须灌注积极的能量，让大家努力向目标前进。以上所列出的消极行为会磨灭人的斗志，让目标难以实现。

教学指南

大致时间	
1. 综述	**5 分钟**

提醒学员，当心偶尔会侵入工作场所的四种“精神杀手”，并向他们介绍以上所列出的四种“精神杀手”，从你自己的经历中举例说明这四种“精神杀手”的危害。向学员说明，高情商的管理者明白，这些“杀手”会让人付出代价，包括让人工作积极性低迷，缺乏工作活力。管理者要想实现目标，就必须让员工振奋精神，一起朝着目标努力。以上所列出的消极行为会让人失去工作积极性，让人难以实现既定的目标和梦想。

2. 目标 **1 分钟**

本次训练的目标是让你们认识一下你们工作场所的“精神杀手”，并给你们提出建议，帮你们控制它们。

3. 给予指导 **15 分钟**

A. 让学员做训练 #26。

B. 让学员回忆一下自己的工作场合中可能出现的“精神杀手”，完成训练问题。

C. 让学员提出可能导致这些“杀手”入侵的特定因素。

D. 让学员想办法防范这些“杀手”入侵。

4. 总结 **25 分钟**

A. 将学员分成四人一组，让他们回答以下问题：

（1）你的工作场合中有哪些“精神杀手”？

（2）为什么管理者认识这些“精神杀手”很重要？

（3）这些“精神杀手”对员工的工作积极性有什么危害？

（4）你怎样才能杜绝这些“杀手”的入侵？

B. 就以下几方面做出总结：

（1）所有集团组织都会在某时遭遇到这些“杀手”，倘若经常遭遇到这些“杀手”，那就会对团队的工作氛围造成永久性伤害。

（2）如果只是偶尔发生这些情况，大家就能够谅解；然而，如果总是发生这些情况，就会损害管理者的声誉。

情商训练 26

“精神杀手”——四种在工作场所最常见的，能够打消人积极性的“精神杀手”如下所示。你认为，对你的工作团队产生了影响的“杀手”有哪些？在相对应的“杀手”前画一个“√”表示。管理者认识这些“杀手”为什么那么重要呢？它们对员工的工作积极性有何影响？作为管理者，你怎样才能杜绝它们的影响？

□　管理者仅对某些人抱有期待

□　管理者言行不一

□　懦弱的管理者

□　管理者不够坚定

情商 #27 你对我有什么意见？

情商训练目标

√	自我意识和自我控制
√	与他人产生共鸣
	社交能力
√	人际影响力
	坚持原则，把握梦想

主题

■ 让学员了解，员工在工作中对管理者的期望和意见。

■ 让学员了解，这些期望对员工的重要性；让学员认识到，达到员工的期望能够让员工信任你。

■ 让学员明白，坦诚的交流是建立信任的必要条件。

预计用时

40 分钟

材料

情商训练 #27

难度系数

高等

导师教学指导

管理者和员工都对彼此抱有期望，大部分管理者都知道该怎样跟员工表达自己对员工的期待，然而，却很少有机会去学习该怎样去了解员工对自己的期待。因此，员工总认为上司与下属之间的关系是单向性的，而且，事实上也确实如此，管理者雇用员工工作，如果他们不能做好，那么他们也不是好员工了。

然而，高情商的管理者明白，自己在跟员工相处的时候，如果用平等的态度对待员工，那就会收获颇丰。这种平等对待不只意味着管理者要告知员工，自己对他们的期待，也意味着，要明白员工对自己的期待。这些想法都应该开诚布公地说出来，并且管理者要认真聆听别人的评价。（事实上，无论管理者是否意识到，员工都对管理者怀有期待。高情商的管理者明白，自己了解员工对自己的期待要更好。）

教学指南

	大致时间
1. 综述	**2 分钟**

向学员说明，员工对管理者的意见反馈，是管理者在工作中收到的强有力的工具之一。在大部分人类情感之中，人们都对彼此抱有期望，而在管理者和员工的关系中，这些期望特别强烈。另外，这些期望不仅限于一天的辛勤工作之后得到高薪酬。管理者如果能够敏锐地察觉员工对自己的期望，并努力去满足他们的期望，管理者就能获得无穷的力量，帮助整个团队实现既定的目标。

2. 目标 **1 分钟**

本次训练的目标是让学员明白员工对你们的期望。你可以就此询问员工的看法，了解你的员工的期望。只有这样，你才能更好地为整个团队服务，并实现自己的目标。

3. 给予指导 **15 分钟**

A．让学员做训练 #27。

B．让学员访问各自的员工对在工作中的付出有什么样的看法。要求学员仔细倾听，如果有的员工的意见跟学员所期望得到的不同，让学员记录下这些不同的意见，并要求他们随后再跟提出意见的员工座谈，商讨学员为什么不赞同员工提出的意见，或者向员工说明，自己还要考虑。

C．要求学员根据各自对员工的访问提出具体的行动项目。

4. 总结 **20 分钟**

学员对员工的访问结束之后，导师应单独跟学员讨论以下问题：

A．你跟员工的访问中，哪些意见最让你感到惊讶？

B．你跟员工的访问中，哪些意见是你早就有所预料的？

C．根据你对员工的访问，你认为是否应该对你的管理行为做出改善？如果是，那应该改善哪些方面呢？

情商训练 27

事实上，管理者与员工良好的沟通，是改善与员工关系最好的方法，再没有别的方法能够替代。跟你的每一位员工谈谈大家的工作状况和对工作的期许，问问他们如下的问题：

1．我并没有经常做的，但你却希望我做的是什么？

2．告诉我一个，你感到失望的时候，觉得我可以采取不同的方式行事。

3．你对我们这个团队的工作分配有什么意见？

4．如果让你分配工作任务的话，你会怎样分配呢？

5．我做出过哪些让你们感到困惑，或者前后相互矛盾的行为？

情商 #28 远见卓识

情商训练目标

√	自我意识和自我控制
	与他人产生共鸣
	社交能力
√	人际影响力
√	坚持原则，把握梦想

主题

- 让学员了解有远见的管理者应具备的特质。
- 帮助学员根据自己在这个领域的优势来确定或评估这些特质。
- 让学员明白，远见会怎样影响管理者的这个角色。

预计用时

50 分钟

材料

情商训练 #28

学员可以选择一位自己崇拜的伟大的领袖人物的传记，作为阅读资料。可供选择的书目列在书后。

难度系数

低等

导师教学指导

管理要有坚定的目标，有两个作用。首先，清楚的目标能让管理者保持工作的积极性，管理者越明白自己的目标，就越能够去实现它；其次，管理者有清楚的目标还能够更好地与员工进行沟通，并鼓励员工进步。管理者对自己的目标缺乏决心是不行的，管理者这个名称就意味着你有一项使命，如果管理者希望自己的下属清楚自己努力的方向，那管理者就该有清楚的目标。

本次训练旨在让管理者明白远见的力量。通过了解那些优秀管理者的事迹，学员能够回答，关于这些管理者远见卓识的基本问题，并认识到远见对管理者的能力有何影响。

学员应该选择自己最崇敬的领袖人物的传记。如果你是在辅导单个的学员，这样做的效果非常显著。但是，如果你辅导的是一群学员，你就可能要为每位学员选择适合他们的材料。

教学指南

	大致时间
1. 综述	**2 分钟**

向学员说明，管理者与众不同的特质之一就是他们有自己的目标。清楚的目标能让管理者和下属明白该怎样去实现它们。优秀的管理者因自己的目标而充满斗志。如果管理者不明白自己该追求什么，那么员工也就不会跟随他一起努力。还要说明，审视历史上伟大的领袖人物，他们共有的特质就是都有自己的使命，并且都知道该如何完成自己的使命。

例如，黑人领袖马丁・路德・金的目标就是通过非暴力手段为有色人种创造与白人平等的社会。富兰克林・D. 罗斯福的目标就是让所有美国人回到工作岗位，让全美国摆脱经济大萧条的影响。美国联邦快递公司的总裁弗雷德・史密斯的目标就是让全美国的人快速收到包裹。西南航空公司首席执行官赫布・凯莱赫的梦想就是让旅客享受旅程，获得收益。

2. 目标 **1 分钟**

本次训练旨在探索伟大的领袖人物拥有的目标，并弄明白这些目标对他们成就的影响。还有，阅读伟大领袖人物故事时，你可以看到这些领袖人物在面对目标时，所展现出来的个性特征。最后，你可以比较一下自己的这方面特质跟伟大领袖人物的不同，就能明白自己在这方面的优点和弱点。

3. 给予指导 **20 分钟**

A. 让学员做训练 #28。

B. 如果你要让学员阅读同样的资料，请向他们推荐你希望他们阅读的资料。如果你让每位学员从备选的书单中挑选自己所喜欢的，请让他们将自己选的书告诉你。

C. 要求每位学员阅读完资料后，按问卷要求写出管理者应具备的关于目标的个性特征，诸如激情、坚持不懈、毅力和毫不动摇的决心等。

D. 要求学员就自己所选择的这些品质为自己打分，分数范围从 1 到 10。

4. 总结 **25 分钟**

将学员分成四人一组，让他们回答以下问题：

A. 伟大的领袖人物在追求目标这方面展露出来的特质是怎样的？

B. 在遭遇逆境和批评的时候，伟大的领袖人物是怎样对待自己的目标的呢？

C. 你能从伟大的领袖人物的故事中学到什么？

D. 你怎样评价你在追求梦想和目标方面的特质？你应该在哪些方面做出改善？

情商训练 28

想一想那些拥有伟大的追求，并已经实现了梦想的领袖者的故事，这些故事可能是：

■ 马丁·路德·金，他的梦想就是为有色人种创造平等的社会。

■ 富兰克林·D. 罗斯福，他的梦想就是让所有的美国人回到工作岗位，让美国摆脱经济大萧条的影响。

■ 美国联邦快递公司的创始人弗雷德·史密斯，他的梦想是让美国各地的人快速收到包裹。

■ 西南航空公司的首席执行官赫布·凯莱赫，他的梦想是让人们享受航程，并让西南航空公司成为盈利最多的公司。

说到一位有伟大梦想的领袖人物时，你会想到他的哪些品质？那些有伟大梦想的领袖人物共有的品质通常包括如下所列的内容，请在右侧的直线上画下一个“×”，代表你在这方面的能力强弱（1 表示最弱，10 表示最强）。

品质										
激情	1	2	3	4	5	6	7	8	9	10
耐性	1	2	3	4	5	6	7	8	9	10
毅力	1	2	3	4	5	6	7	8	9	10
专注程度	1	2	3	4	5	6	7	8	9	10
不动摇的决心	1	2	3	4	5	6	7	8	9	10

情商 #29

我的梦想

情商训练目标

	自我意识和自我控制
	与他人产生共鸣
√	社交能力
√	人际影响力
√	坚持原则，把握梦想

主题

- 让学员为自己的工作单位或部门组织确立目标。
- 让学员用词汇或短语表达他们对目标的看法

预计用时

30 分钟

材料

情商训练 #29

难度系数

中等

导师教学指导

各阶层的管理者都必须为自己所负责的区域、部门或公司制定一个目标。本次训练旨在帮助管理者确立目标或更换既定的不切实际的目标。

很重要的是，管理者自己应该把所从事行业的目标，跟整个团队的目标区分开来，虽然管理者的目标也要以支持整个团队实现目标为前提，但管理者最好还是要在大目标的框架下设定自己的小目标。这能让管理者将自己的工作个性化，并让他的下属明白，该怎样让自己的工作单位或部门里的人一起朝既定目标努力。

作为本次训练的导师，你最重要的任务就是让学员关注各自团队的目标。然而，无论他们的下属是两位还是两千位，管理者都要铭记大团队的目标。

有时候，那些小集团组织的管理者会感觉他们无权拥有自己的梦想。要向学员说明，无论他们是否会考虑到，管理者都有自己的目标，有自己的梦想。还要要求他们向员工表达他们的梦想，例如，他们可能想自己办一家公司。毫无疑问，他们的下属也会有自己的梦想，而这一点不在本书的探讨范围内。

教学指南

	大致时间
1. 综述	**1 分钟**

向学员解释，所有的管理者都必定有其目标。在公司里，中层的管理者必须在整个公司的目标框架内制定自己的小目标。无论如何，每个管理者都必须有自己的目标。有时候，那些小的组织团体的管理者感觉自己无权拥有自己的梦想，导师就应说明，无论他们是否意识到，他们都要有自己的梦想。还要告诫学员，应该跟自己的下属聊一聊自己的梦想，例如，他们想拥有一个与所在的公司无关的小团队。毫无疑问，他们的下属也有自己的梦想，不过这不在本书的讨论范围内。还要向他们说明，梦想对优秀的管理者及其下属是很重要的，根据情商训练 #28 的内容对此进行说明。

2. 目标　**1 分钟**

本次训练旨在帮你为你的部门或公司确立或重选奋斗目标。作为管理者，梦想是你最强有力的工具，能帮你激励你的员工往既定的方向前进，它让你的下属看清你将要带领他们前往的方向。

3. 给予指导　**15 分钟**

A．让学员做训练 #29。

B．让学员写出见到美好未来时头脑中所想到的词汇或短语，完成训练问题。例如，标记为“人”这个词，管理者的目标可能是让员工接受良好的培训和综合训练，让大家都成为优秀员工。

C．让学员在笔记本上写下在各项要求下能代表他们梦想的重要词汇或短语。

4. 问学员以下问题，并做总结　**15 分钟**

A．你所写的词汇或短语是怎样偏离你们公司的目标？

B．你所写的词汇或短语是怎样支持你们公司的目标？

注意：如果学员写的词汇或短语跟自己公司的目标有差异，让他们私下跟你讨论这些不同之处，并让他们做出相应的行动计划。

情商训练 29

想一想你的公司或团队在接下来几年会变成什么样，按你自己的想法，你希望看到什么？

想一想你们公司的人员、产品、客户、设备、器械和技术部门，想一想每一个小部门的状况，遥想一下你们公司或组织未来的情况。写出你所想到的词汇或短语。

人员

产品

客户

设备 / 器械

部门 / 技术

情商 #30 鼓舞人心的言语

情商训练目标

	自我意识和自我控制
	与他人产生共鸣
	社交能力
√	人际影响力
√	坚持原则，把握梦想

主题

■ 帮助学员想一想，能够鼓舞员工让他们跟随管理者一起追求共同的梦想的话。

■ 让学员认识到，用语言鼓舞员工跟随管理者一起追求梦想的作用。

■ 提高管理者用语言鼓舞员工的方式的重要性。

预计用时

40 分钟

材料

情商训练 #30

难度系数

高等

导师教学指导

本次训练旨在挑战管理者行为胜过言语的思想，让他们认识到，经过深思熟虑所说的话能够鼓舞他人；并让他们了解，这些鼓舞人的话对员工产生的影响。而且，本次训练还会让管理者学着用鼓舞性的话语将自己的梦想告诉员工。

语言将心和想象力联系在一起，管理者表达自己梦想的话语虽然是很平凡的，但也是有意义、有价值的。想一想以下的示例：

不鼓舞人心	鼓舞人心
工作汇报	向高层领导者做令人动容的汇报，言辞优美，态度诚恳，表现自然不造作，让人受益
搬出舒适的椅子	让人放松身心，忘却疲乏，让人觉得可以统治全世界
设想将来说出的这些	设想能够吸引人，让人对其保持好奇心，创造无尽的神秘感

你可能希望我举出能够鼓舞员工一起行动的话语，当然，话语必须有行动的支持。作为导师，你必须小心，不要将管理者言语的作用夸大到超过管理者的行动。管理者的言语和行为只是一种很重要的工具，目的都是鼓舞员工为集团组织的目标而努力。你还应该声明，要想真正鼓舞员工，管理者的言行必须保持一致。

教学指南

	大致时间
1. 综述	**2 分钟**

向学员说明，管理者必须用能吸引员工的方式来表达他们的梦想。语言是表达梦想的工具，因此，管理者必须谨慎挑选词汇，并对词汇进行精心加工，以便起到鼓舞人心的效果。举出在导师教学指导中所列出的言语示例，来区分鼓舞人心的话语和不鼓舞人心的话语。还要说明，语言通常是管理者表达梦想的首选工具，因此它们的作用是相当重要的。要求学员思考，在以下的事例中，领导者的话会怎样影响跟随者们：马丁・路德・金的演说《我有一个梦想》；约翰・F. 肯尼迪在就职演说时说的“不要问你的国家能为你做什么”；还有亚伯拉罕・林肯的葛底斯堡演说。用这些范例来证明你的观点，即话语很重要。

注意：不要试图摆出这种观点——语言是管理者最重要的技能，而是要强调语言在引领人们朝目标和梦想前进时的重要性。

2. 目标　**1 分钟**

本次训练的目标是帮你们选择恰当的语言，用鼓舞的方式激励你的员工跟你去实现你的梦想。选择能够恰当表达你的梦想和目标的语言，既能够说明你对自己的梦想的态度，也能够经常提醒你的下属，究竟什么才是最重要的。

3. 给予指导　**20 分钟**

A．让学员做训练 #30。

B．让学员回忆一下在情商训练 #29 中写出的词汇和短语，完成本次训练。这些词汇和短语都是关于他们对人员、产品、客户、设备、技术等方面的期待。

C．对于他们在训练 #29 中写下的所有词汇和短语，要求学员重新选择更感性化的语言来描述。例如，一位汽车行业的管理者写到，他希望他的员工能够团结合作，他重新定义这个团结合作为“每天都有必胜的信念”。

D．鼓励学员使用独创性的语言去写精彩、生动的内容。

4. 将学员分成四人一组，回答以下问题，并做总结　**20 分钟**

A．乏味的语言会给下属造成怎样的影响？

B．生动的语言会怎样鼓舞并激励下属？

情商训练 30

经常向员工说鼓舞人心的话语的管理者是最懂得沟通技巧的。鼓舞人心的话既能调动人的心，也能调动人的想象力。想一想如下行为的不同之处：

不鼓舞人心	鼓舞人心
工作汇报	向高层领导者做令人动容的汇报，言辞优美，态度诚恳，表现自然不造作，让人受益
搬出舒适的椅子	让人放松身心，忘却疲乏，让人觉得可以统治全世界
设想将来说出的这些	设想能够吸引人，让人对其保持好奇心，创造无尽的神秘感

看一看你在训练 #29 中所写下的词句，用更生动的语言复述其含义。

情商 #31

与人共享你的梦想

情商训练目标

	自我意识和自我控制
	与他人产生共鸣
	社交能力
√	人际影响力
√	坚持原则，把握梦想

主题

- 让学员认识到，跟与自己一起工作的人分享梦想的重要性。
- 让学员明白，要想加深影响力，就必须经常跟人交流自己的梦想。

预计用时

45 分钟

材料

情商训练 #31

难度系数

中等

导师教学指导

光自己有梦想，却不跟集团组织里的人员分享是没用的。要把握住自己的梦想，管理者就必须经常充满激情地跟大家强调它。

本次训练将评估学员是否跟自己集团组织内部的人分享过自己的梦想。如果他们跟人分享过，那么导师就要强调不断分享梦想的重要性；如果学员没有经常跟团队里的其他成员说起过自己的梦想，那么导师就应该鼓励他们这样做。

与他人分享梦想的原因有如下几点：

1. 跟随的员工不会读心术，管理者不要期待自己不说，别人也能明白自己的梦想。

2. 将自己的梦想告诉下属，能够让管理者看清梦想中的未来的模样。

3. 将自己的梦想告诉下属，能够让整个团队齐心协力、合作共赢。

4. 将自己的梦想告诉下属，他们也能为实现这个梦想贡献自己的力量。

5. 将自己的梦想告诉下属，能让他们看清楚管理者带领他们走的方向。

管理者的职责就是每天都让下属齐心协力朝共同的目标前行。

教学指南

	大致时间
1. 综述	**2 分钟**
向学员说明，梦想之所以重要，是因为如上所列出的理由。没有明确的目标，人们就不能明白管理者想要的是什么，也不清楚管理者将把他们带向何方。	
2. 目标	**1 分钟**
本次训练的目标是让你们评估，自己在团队组织中跟人分享自己的目标的程度如何。	
3. 给予指导	**15 分钟**
A. 让学员做训练 #31。 B. 要求学员思考训练中列出的问题，并做出回答。要求学员调查一下，自己的上司、下属和同事们，有多了解自己的梦想，他们能不能够说清楚自己的梦想。告诉学员，作为管理者，他们可能认为自己曾经提到过自己的梦想，也许偶尔也确实说过，不过需要仔细思考的是，其他人是不是真的明白他们为单位或部门所设定的目标。 C. 向学员声明，作为管理者，他们的基本职责之一便是让人们注重设定的目标。这个目标可能包括人们如何团结合作，应该怎样服务于客户，工作中的设备、技术、资金多少，等等。要求学员回答训练 #5 中的问题，还有关于他们多久跟这些人谈论自己心里设定的目标一次。	
4. 问问学员如下的问题，并做总结	**25 分钟**
A. 有没有人认为，自己必须回去跟上司谈谈自己的梦想？为什么要谈？为什么不用谈？ B. 有没有人认为，自己必须回去跟下属谈谈自己的梦想？为什么要谈？为什么不用谈？ C. 有没有人认为，自己必须回去跟同事谈谈自己的梦想？为什么要谈？为什么不用谈？ D. 有没有人认为，自己的梦想跟自己公司或组织的目标不相符？ **注意：**管理者的职责就是不断——至少是每天——都跟员工交流自己的目标。用这一点对讨论做总结。	

情商训练 31

1. 你跟你的上司交流过你的梦想吗？

□是　□否

2. 如果你是中层领导者，那你的目标跟公司的目标是一致的吗？跟公司高层的目标是一致的吗？

□是　□否

3. 你跟你的下属交流过自己的梦想吗？

□是　□否

4. 你跟别人谈论梦想的频率有多高？请在合适的回答前画“√”。

□一个小时一次

□一天一次

□一周一次

□一个月一次

□一年一次

如果你的答案低于一天一次，那你跟人沟通梦想的频率还不及格。你所做的每一件事，所说的每一句话，都应该巩固自己的梦想。你作为管理者的职责就是让下属都为追随你的这个目标而行动。

情商 #32

谁设定目标？

情商训练目标

√	自我意识和自我控制
	与他人产生共鸣
	社交能力
√	人际影响力
	坚持原则，把握梦想

主题

■ 让学员明白，让员工一起为目标而努力的必要性。

■ 让学员明白，他们如果改变目标，可能会让员工不专心工作。

预计用时

35 分钟

材料

情商训练 #32

难度系数

高等

导师教学指导

管理者应该有明确的目标，然而，管理者也必须跟下属共享目标，这能让员工对功成名就有共同的追求。这让他们明白，他们是在一起描绘一幅大“蓝图”，并且每个人都是为了完成这幅“蓝图”而来的。

然而，最成功的管理者明白，与下属分享目标，绝不仅仅是把自己的目标“告诉”下属，真正的分享是让员工跟自己一起参与完成任务和追求的过程。与员工分享目标，让他们提出有创意的实现目标的想法，这样员工才会忠于管理者。管理者拥有目标，然后告诉员工该做什么，这样的管理者只是在分派任务而已。跟员工分享自己的目标，让员工提出有创意的实现目标的想法，这样的管理者其实是让那些真正接受了这一目标的员工团结一致。

本次训练的目标是让管理者想一想，自己究竟是在让员工对实现目标提出有创意的想法，还是只是为了实现目标而简单地分派任务。多年前，一位艺术家曾经告诉我，我只要告诉他大概的轮廓，他就能按照轮廓画出画来。如果我想要画体形庞大的动物，那我可能只是想让他画一只大象，他可能会想到一百多种方法去表现“庞大”的大象，不过我却想象不到他画得多么美妙，因为我只告诉了他要画体形庞大的动物。如果管理者大概描绘出自己目标的“轮廓”，让下属去为这“轮廓”添砖加瓦，那么所收获的结果一定是令人难忘的。

教学指南

	大致时间
1. 综述	**1分钟**
向学员说明，他们应该有梦想，但是，管理者必须还要知道，该如何跟员工分享自己的梦想。管理者正确的做法应该是，描绘出目标的大致轮廓，然后让所有下属都为这幅目标“蓝图”做出修改，并为之“涂色”。	
2. 目标	**1分钟**
本次训练旨在帮你确认，你自己掌控和让别人掌控目标的比率是多少。有时候，管理者非常想要掌控全局，这样，你们就忽略了下属的天赋和创造力。你邀请所有下属一起为目标努力，并向他们征询意见，改进自己的方案策略，那么，大家一起协同合作完成所制定的目标，会远超过你原本的想象。	
3. 给予指导	**10分钟**
A．让学员做训练 #32。 B．让每一位学员思考以下问题，并完成训练问题： （1）你为自己的目标付出的努力占多少比率? （2）你的下属为你的目标付出的努力又占多少比率? **注意：**本次训练旨在让你们判断管理者控制权的多少。那些不愿意放弃管理权的人，关心的都是让员工帮助创建目标。如果管理者认为员工没有能力，那么他们也就不愿意让这样的员工跟自己一起追求梦想，在这种情况下，管理者更倾向于分配任务。在讨论中，导师必须对这些问题提高敏感度。	
4. 总结	**20分钟**
A．让学员分成四人一组，讨论以下问题： （1）你为实现目标贡献了多少?你的下属又贡献了多少? （2）管理者为什么有时候不愿意邀请下属创建目标? （3）让员工参与创建目标有什么好处?	

B．用以下几点做出总结：

（1）管理者让员工创建目标，员工才会更加忠诚。

（2）管理者让员工创建目标，领导者的创造力也会得以提高。

（3）管理者之所以不愿让员工创建目标，是因为他们不想失去对全局的掌控权。

情商训练 32

想一想，自己跟别人提及目标的时候，是否准确告诉了别人你想要什么，以及你想要怎样达到自己的目标？例如，如果我告诉我的下属：

- 我想要将邀请函印在浅黄色的、可回收的纸上。
- 我想要在封面上画上树和瀑布。
- 我想要在威尔逊度假村的露天剧场举行演说，等等。

以上内容表明，我并没有让下属帮我创建什么目标，我只是在分配任务。如果他们能够参与整张“蓝图”的部分内容的创作，他们就会觉得，我确实需要他们跟我共同努力实现目标。

你的员工帮你创建“蓝图”，占了多少比率呢？在以下的圆形分格统计表上，画出你和你的员工参与的比率对照图。

示例：

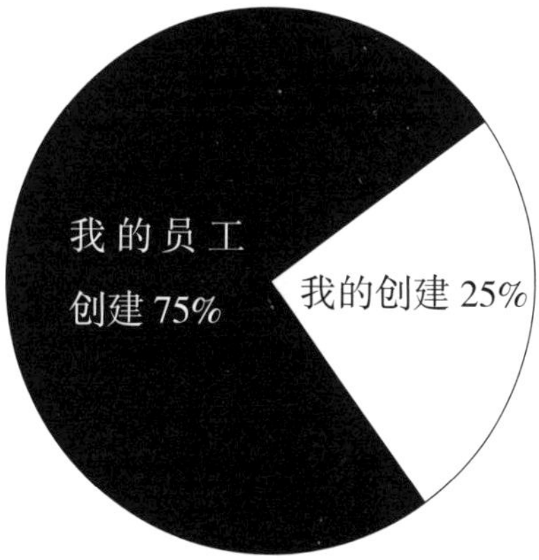

我的比率统计图：

员工也有自己的梦想

情商训练目标

√	自我意识和自我控制
	与他人产生共鸣
√	社交能力
√	人际影响力
	坚持原则，把握梦想

主题

■ 让学员认识到，他们对员工的期望决定了员工所取得的成就。

■ 让学员明白，一旦对员工有消极的看法，他们就会在某种程度上表达出来。

预计用时

55 分钟

材料

情商训练 #33

难度系数

高等

导师教学指导

管理者对员工以及他们所做的工作都抱有期望。管理者对员工有积极正面的期望，那么，员工就会用积极正面的行动对这份期望做出回应。同样，管理者对自己的员工有消极负面的评价，那么，他的员工也会表现得消极。

管理者的观念态度都能通过下属的表现体现出来。如果管理者重视下属，那么员工也会忠于管理者；换言之，如果管理者将下属视作拖累或负担，那么，员工的表现也不会优秀。高情商的管理者明白，在期待员工做出出色的表现之前，首先要对员工进行正确的认知；高情商的管理者还知道，对员工抱有积极、肯定的态度，会让员工信任自己，并且还能让员工做出更加优秀的表现来。

我们并不建议管理者“把头埋进沙里”，罔顾出现的问题，如果员工的表现有问题，管理者必须提出来。然而，提出问题与挑毛病是有区别的，高情商的管理者知道，该怎样指出员工的问题所在，并由此与员工建立互信的关系，而这更会让员工做出突出的表现来。

本次训练的目标是让管理者对员工做出切实的评价，并认识到这些评价对员工产生的影响。导师可以用如下的事例来向学员说明：

拿出一件艺术作品，告诉学员，你认为这是你见过的最棒的、最有艺术气息的作品，并问问他们，如果将它交给他们，他们会怎么做。例如，将它送到某艺术品展览馆，为它买保险，还可以给它做一个专柜，把它展示给他人看，可能还会把这位艺术家介绍给其他朋友认识。

还是拿出那件艺术作品，告诉学员，你认为这是你见过最丑、最难看的作品，并问问学员，如果将它交给他们，他们会怎么做。例如，将它扔进垃圾箱，想要退货，或者告诉朋友们不要买这位艺术家的作品。

关键之处在于，我们对人对事的看法将影响我们对人对事的行为。最重要的是，管理者要意识到，自己对员工的看法会影响自己对员工的行为。

教学指南

	大致时间
1. 综述	**5 分钟**
向学员说明，管理者对下属的看法和期待可以通过他对员工的行为态度中看出来。如果管理者认为自己的员工很优秀，那他就会善待他们；如果管理者认为员工不行，那么这也能从管理者的言行举止中透露出来。用以下的事例对此进行说明： 拿出一件艺术作品，告诉学员，你认为这是你见过的最棒的、最有艺术气息的作品，并问问他们，如果将它交给他们，他们会怎么做。例如，将它送到某艺术品展览馆，为它买保险，还可以给它做一个专柜，把它展示给他人看，可能还会把这位艺术家介绍给其他朋友认识。 还是拿出那件艺术作品，告诉学员，你认为这是你见过最丑、最难看的作品，并问问学员，如果将它交给他们，他们会怎么做。例如，将它扔进垃圾箱，想要退货，或者告诉朋友们不要买这位艺术家的作品。	
2. 目标	**1 分钟**
本次训练旨在让你明白自己对员工的观念和看法，以及这些看法对员工的影响。	
3. 给予指导	**20 分钟**
A．让学员做训练 #33。 B．要求每一位学员完成训练问题。 C．仔细思虑这些问题的答案。	
4. 总结	**30 分钟**
A．将学员分成四人一组，回答以下问题： （1）你希望对员工抱有怎样的态度？ （2）你对员工的真正态度如何？ （3）你的理想实现了吗？ （4）为什么管理者明白自己对员工的态度很重要？	

（5）你对员工的态度对他们有怎样的影响?

（6）你对员工的态度对你自己有怎样的影响?

B. 用如下几点做总结:

（1）你对员工的态度决定了你对员工做出的行为。

（2）你对员工积极的态度会让员工更加勤奋工作。

（3）你对员工消极的态度会影响员工的工作情绪。

情商训练 33

你希望对员工抱有怎样的态度和期望？写出你心中体现完美员工特质的词汇。

你认为什么词汇最能体现你现在的下属的特征呢？将这些词汇写下来。你对员工的真实看法，跟以上你对完美员工的认识有什么差别？

通常情况下，你用怎样的态度示人，人们就用怎样的态度回应你。你希望将你对人的实际态度转变为自己所期望的态度吗？如果你希望，那该怎么转变呢？

情商 #34 “期望杀手”

情商训练目标

√	自我意识和自我控制
√	与他人产生共鸣
	社交能力
√	人际影响力
	坚持原则，把握梦想

主题

- 让学员认识工作场合的著名“期望杀手”。
- 让学员了解这些“杀手”对工作氛围造成的负面影响。
- 让学员认识到自己的行为中出现的“杀手”。

预计用时

45 分钟

材料

情商训练 #34

难度系数

高等

导师教学指导

根据我们的调研，员工举出了五种他们认为可能让他们失去工作积极性和斗志的“期望杀手”，如下所示：

1．言行不一致——如果管理者先做了什么，说了什么话，不过后来又做出了相反的表态或行为，员工就会很快发现这种不一致。高度的互信是要通过高度一致的言行而创造的，因此，如果人们认为管理者言行不一致，那他们就会对管理者失去信任。这种信任的缺失，会让员工失去对工作的热忱，创造消极的情绪氛围，让员工的工作效率低下。

2．光说不做——管理者常犯的另一种错误就是只有宏大的愿望，却不采取行动去实现。“这也会过去”成为在这条路上疲乏行军的人的口号。如果管理者不用行动去努力实现目标，那么人们就很难去重视你设定的目标。为了实现目标，管理者必须用实际行动去努力，且需要持续地努力。

3．将目标过分复杂化——有时候，管理者将目标过分复杂化了，我们很难读懂，更别提记住它了。如果人们记不住，那可能是因为管理者说得不够简单。另外，中层管理者必须将目标简化，如果你不这样做，你的下属就会听不明白，也就不可能完成任务了。

4．过分关注细节——有的管理者太关注细节，他们不明白目标任务的重心所在，他们太关注不重要的小细节而忽略了“大局”。出现问题的时候，他们不知道还可以换个视角看问题。我们并不是说细节不重要，相反，细节非常重要，不过，要跟大局联系起来看，不能只关心细节。管理者的职责就是让大家关注不同的细节，让成功的美好前景真正呈现在眼前。

5．毁掉期望——在机构组织中，有一小部分人很明白大家的愿望，也能够理解它，但他们的行为却是与这愿望相反的，他们在故意毁掉大家的期望。其他同事知道，这部分人和他们的做法是不一样的，希望管理者可以干预这一小部分人的做法。如果没有人阻止他们，那么那些一直为期望努力的人就会问：“我们这样努力工作到底是为什么？”

以上清单摘自阿黛勒·B. 林恩的《寻求尊严——职场员工如何与上司建立互信关系》(宾夕法尼亚州拜耳佛农，巴容出版公司，1998 年)。

高情商的管理者明白，以上列出的“期望杀手”会让人们付出代价，因此，高情商的管理者能够分辨这些“杀手”，并做出努力，进行改善。

教学指南

大致时间

1. 综述 **5 分钟**

向学员说明，管理者必须当心偶尔侵入工作场合的五位“杀手”。向学员解释这五位“杀手”的身份，并从你自己的工作经历中，举例说明这五位“杀手”的危害。还要说明，高情商的管理者明白，以上“杀手”的到来，会让人们付出代价；高情商的管理者明白，他们必须阻止这些“杀手”入侵。

2. 目标 **1 分钟**

本次训练旨在让你们认识工作中的“期望杀手”，并给你们提出建议，限制它们的行动。

3. 给予指导 **15 分钟**

A．让学员做训练 #34。

B．让学员想一想可能侵入了他们工作中的“期望杀手”，完成训练问题。

C．要求学员想一想让这些“杀手”入侵的特定因素。要求学员想办法杜绝这些“杀手”入侵。

4. 总结 **25 分钟**

A．将学员分成四人一组，让他们回答以下问题：

（1）你自己偶尔会做出哪些“杀手”行为？

（2）管理者了解这五位“杀手”为什么那么重要呢？

（3）这些“杀手”会对员工的工作积极性有何影响？

B．用如下几点做总结：

（1）所有人偶尔都会遭遇这些“期望杀手”，只有频繁遇到这些“杀手”，才会对工作氛围造成永久性伤害。

（2）如果只是偶尔性遇到，那么大家能够原谅；然而，如果经常做出这些“杀手”行为，那么管理者就会失去员工的信任。

情商训练 34

“精神杀手”——最常见的五种关于期望的“精神杀手”如下所列。在你偶尔会用到的“杀手”行为前画“√”。这种行为对员工的工作积极性有何影响？你怎样才能避免这些“精神杀手”？

□ 言行不一致

□ 光说不做

□ 将目标过分复杂化

□ 过分关注细节

□ 允许他人毁掉期望

情商 #35 从领袖的故事中汲取经验

情商训练目标

√	自我意识和自我控制
	与他人产生共鸣
	社交能力
	人际影响力
√	坚持原则，把握梦想

主题

■ 让学员认识，那些能够巩固自己梦想的行为。

■ 让学员换个角度，从员工身上找到能够解决自己遇到的问题的方案。

预计用时

35 分钟

材料

情商训练 #35

难度系数

低等

导师教学指导

大部分管理者都知道该怎样做出改善。本次训练就是让管理者阅读一位受人尊敬的伟大领袖的故事，来明白自己应该如何改善。情商训练 #28 让学员看的伟大领袖的传记故事可以做参考。

高情商的管理者明白，自己是可以寻求帮助的。他们还知道，如果寻求帮助之后，他们对结果仍然不满意，他们有权做出改变。

导师应该鼓舞并激励学员，让他们实施他们认为可行的正确方案。

教学指南

	大致时间
1. 综述	**1 分钟**
向学员说明，他们可以寻求帮助。任何时候，如果需要帮助，学员都可以回忆情商训练 #28 中所阅读的那些伟大领袖传记的内容。	
2. 目标	**1 分钟**
本次训练的目标是让你阅读一位你尊敬和崇拜的很有理想的领袖人物的传记。你将以他的行为准则来评判自己的言行举止，并思考该如何跟你的员工一起实现你设定的目标。	
3. 给予指导	**15 分钟**
A．让学员做训练 #35。 B．回忆一下你在情商训练 #28 中所读到的伟大领袖的传记资料。 C．要求学员向伟大领袖学习，并依据他们的故事，对自己的言行做出评判和改善。让学员“询问”伟大领袖，该如何巩固自己的目标和追求，如何更清晰明白地表达自己的目标，该怎样让自己的下属跟自己一起去追求探索，该如何巩固自己作为管理者的地位。 D．要求学员写下从自己所阅读的伟大领袖传记中学到的经验要点。	
4. 将学员分成四人一组，要求他们分别回答以下问题，并做出总结	**20 分钟**
A．你从阅读的伟大领袖传记里学到了什么？ B．你希望将他的哪些经验付诸实施？ C．你更加明白自己的目标，并将它们清楚地告诉员工，还成功邀请员工跟你一起合作共赢，这对你会有怎样的好处？	

情商训练 35

想象自己跟一位伟大领袖共进晚餐的场景，例如马丁·路德·金、富兰克林·D. 罗斯福，或弗雷德·史密斯。这些领袖人物可能给出什么样的建议让你坚持自己的目标呢？他们可能给出什么样的建议让你更清楚、更理智地表达你的目标？你愿意采用他们的哪些建议？

你更加明白自己的目标，并将它们清楚地告诉员工，还成功邀请员工跟你一起合作共赢，这对你会有怎样的好处？

这些建议中所提出的做法，你将怎样去坚持？

情商 #36

为梦想而努力

情商训练目标

	自我意识和自我控制
	与他人产生共鸣
	社交能力
√	人际影响力
√	坚持原则，把握梦想

主题

- 帮助学员确认，他们的员工是否跟他们持有同样的梦想。
- 帮助学员分辨哪些员工是跟他们有同样梦想的，哪些不是。

预计用时

35 分钟

材料

情商训练 #36

难度系数

中等

导师教学指导

虽然管理者已经明确地表达了团队共同的目标，但不是所有员工都对它们有同样的理解，都会为这个目标而努力。管理者必须明白，哪些员工没有完全跟上节奏，并帮助他们，这样，这些员工才能跟大家一起努力前行。

大部分时候，员工跟不上节奏是因为他们没有完全明白管理者的目标。所以，有的时候，管理者需要提醒员工，要求他们注意自己的表现，提高自己掌握的技能，去排除阻碍员工朝目标努力的因素。

本次训练旨在让学员发现那些并没有跟他们一起努力为实现目标而奋斗的员工，并为学员提供促进员工为实现目标而努力的策略。但是，在实施了这些策略之后，如果仍然有员工与整个团队的工作节奏不符，那么，你就需要采取其他策略解决这个问题，如绩效和态度的培训，甚至对他们施以惩罚，或开除他们。

教学指南

	大致时间
1. 综述	**2 分钟**
向学员说明，管理者的梦想就是让所有下属都为自己定下的目标而努力。管理者的职责就是要分辨，哪些下属在为自己定下的目标而努力，哪些人没有。之所以要分辨谁努力谁没有努力，是因为这样的话，管理者便能够进行干预，让没有努力的员工跟上整个团队的节奏。所有团队成员一起努力，就形成了一支强大的队伍，齐心协力实现目标。然而，如果有成员不配合，那么团队的力量也会削弱。（向学员展示出训练资料上的图。）	
2. 目标	**1 分钟**
本次训练旨在帮你确认，你的团队成员是否都为你设定的目标而齐心协力。确认了这一点，你才能更好地指挥整个团队一起朝目标前进。有时候，你的下属非常努力地在工作，但并不是为你定下的目标在努力。本次训练帮你让整个团队都朝同一方向前进，并让他们为了共同的目标而奋斗。	
3. 给予指导	**10 分钟**
A. 让学员做训练 #36。 B. 让学员想一想各自团队里的每一位成员的情况，完成训练问题。 C. 要求学员在大箭头里为自己团队里的成员画下相应的小箭头，表示他们为目标努力的方向和程度。 D. 对于那些与大部队不协调的成员，让学员想一想什么样的策略让他们与大部队协调统一。	
4. 问问学员以下问题，做出总结	**25 分钟**
A. 让所有团队成员协同合作一起为目标努力有什么好处？ B. 你有哪些策略能让所有团队成员协同合作一起努力？ C. 有哪些因素妨碍了成员为目标而努力？ D. 你将如何克服这些阻力？	

情商训练 36

如下图所示，大箭头表示的是你设定的目标方向，在里面画下你的团队成员为目标努力的方向。在每个箭头上标上对应团队成员的名字。

示例：

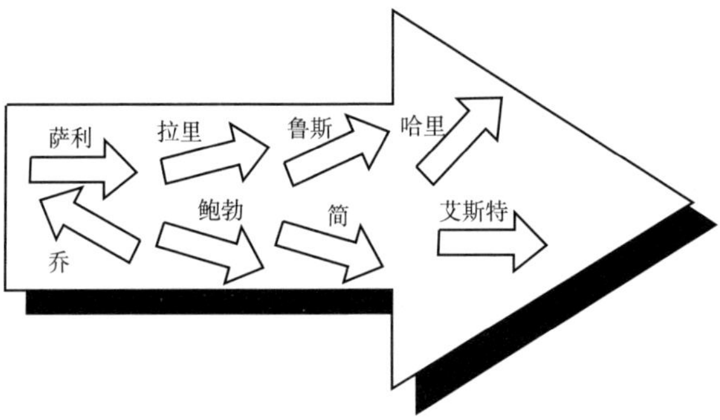

我的成员示意图：

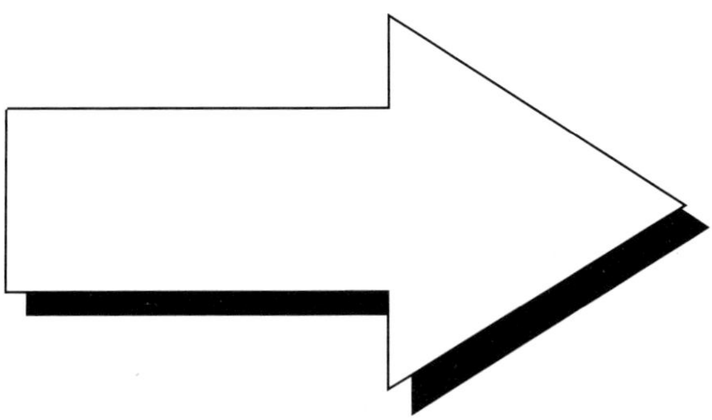

情商 #37

团队成员的建议

情商训练目标

√	自我意识和自我控制
	与他人产生共鸣
	社交能力
√	人际影响力
√	坚持原则，把握梦想

主题

■ 让学员提高自我认知，发现自己在工作时所做出的被员工察觉的“期望杀手”行为。

■ 让学员评估自己对目标的追求是否够坚定。

■ 帮助学员采取行动，让他们改变在追求目标这方面的弱点。

预计用时

40 分钟

材料

情商训练 #37

难度系数

高等

导师教学指导

在我们的调研中，受访的员工举出了十种他们认为管理者可以扼杀人追求目标的行为，这些行为都是管理者能够控制的。高情商的管理者明白，自己的言行举止会影响下属对目标的追求。然而，大部分管理者并不认为目标是要靠自己的行为去影响员工而实现的，因此他们可能也意识不到，自己某些特定的行为会影响员工，让员工不坚持既定的目标。

员工列出的管理者的十大“杀手”行为，如下所示：

1. 对待人很糟糕，例如不关心别人，总是忘记向别人道谢，不尊重人，让人觉得自己毫无价值等。

2. 不当好榜样，总是挂着这样的口头语：“按我说的做，不要按我做的做。”

3. 一次做太多事情。

4. 过分关心手中的任务，而忘记了做任务的人。

5. 指示不明确。

6. 言行不一致。

7. 不为失败承担责任。

8. 过分关注细节问题，却对别人的质疑和大局不闻不问。

9. 自己不坚持目标。

10. 让那些没有工作经验的人留下来工作。

在员工看来，以上十种行为是他们认为管理者会扼杀向目标前进的动力的罪魁祸首。

以上清单摘自阿黛勒·B. 林恩的《寻求尊严——职场员工如何与上司建立互信关系》（宾夕法尼亚州拜耳佛农，巴容出版公司，1998 年）。

教学指南

	大致时间
1. 综述	**5 分钟**

向学员说明，管理者的言行举止决定了员工对目标的追求。高情商的管理者明白，某些特定行为会影响员工对既定目标的坚守程度。管理者通常认为员工应该坚持既定的目标，但做出了不坚持目标的行为。列出以上十种能够影响员工，让他们不坚持既定目标的行为。

2. 目标　　1 分钟

本次训练旨在帮学员评估自己的行为，看看你的行为是否向员工传递了相互矛盾的信息。我们调查时访问的员工列出了最让他们觉得自己没有目标的十种行为，这十种行为都是管理者能够做出改变的。在本次训练中，审视一下你自己，看看你有没有做出过与自己定下的目标相悖的行为。

3. 给予指导　　10 分钟

A. 让学员做训练 #37。

B. 让学员仔细思考训练中所列出的条目，并在数轴上标出自己做出相应行为的频率有多高。

C. 让学员仔细思考自己做得最糟糕的三种行为。

4. 问问学员以下问题，并做出总结　　25 分钟

A. 你做得最差的是哪三种行为?

B. 管理者的言行对员工的工作积极性有何影响?

C. 你还不是管理者的时候，训练中所列出的行为对你自己的行为有何影响?

D. 你的员工会受到你的这些不良行为的影响吗?

E. 你能做些什么来改善这种状况?

情商训练 37

根据我们的调查，我们列出了最让员工觉得自己没有目标的十大理由。在以下列出的数轴上做一个标记，表示你做这种行为的频率高低。管理者扼杀目标的行为：

1. 对待人很糟糕，例如不关心别人，总是忘记向别人道谢，不尊重人，让人觉得自己毫无价值等。

很少 ←————————————————→ 经常

2. 不当好榜样，总是挂着这样的口头语："按我说的做，不要按我做的做。"

很少 ←————————————————→ 经常

3. 一次做太多事情。

很少 ←————————————————→ 经常

4. 过分关心手中的任务，而忘记了做任务的人。

很少 ←————————————————→ 经常

5. 指示不明确。

很少 ←————————————————→ 经常

6. 言行不一致。

很少　经常

7. 不为失败承担责任。

很少　经常

8. 过分关注细节问题，却对别人的质疑和大局不闻不问。

很少　经常

9. 自己不坚持目标。

很少　经常

10. 让那些没有工作经验的人留下来工作。

很少　经常

情商 #38 一步一步为目标而努力

情商训练目标

	自我意识和自我控制
	与他人产生共鸣
	社交能力
√	人际影响力
√	坚持原则，把握梦想

主题

- 帮助学员确认，他们自己是否每天都是朝着既定目标而努力的。
- 帮助学员评估，哪些行为能够鼓励员工为既定目标而努力。

预计用时

35 分钟

材料

情商训练 #38

难度系数

中等

导师教学指导

管理者很容易认为，一旦自己确定了目标并告知了员工，那自己的工作就结束了。他们可能认为，为既定的目标而努力是员工的责任，但事实并非如此。每一天，每一位管理者都应该重新声明自己团队前行的方向，并调整整个团队的方向，提醒团队成员。管理者不断地用不同的方式鼓舞下属，能帮助他们确立整个团队的统一目标。

如果大家没有完全统一的目标，或者管理者试图拓展或更改自己的目标，那么重申既定的目标就是很必要的了。当然，如果管理者情商够高，团队成员之间的关系紧密，大家彼此间建立了高度的信任，那么所取得的成效就是众望所归的。从根本上而言，管理者的职责就是鼓励大家为统一的目标而努力和奋斗。只有整个团队都牢记这个统一的目标，管理者才能收获成功。

教学指南

大致时间

1. 综述　**1 分钟**

向学员说明，许多管理者都认为，梦想不需要每天都挂在嘴上。然而，事实上，管理者每天都在为自己的梦想而奋斗，大部分管理者都只忙着为梦想做自认为应该做的事情，却忘记了自己最重要的工作就是要经常将自己的梦想告诉下属。

2. 目标　**1 分钟**

本次训练旨在帮你评估，你每天为自己的目标所付出的努力。如果你的团队里的所有成员都在齐心协力为你定下的目标而努力，那么，在这方面你就没什么需要做的了。然而，我们大部分管理者都有需要提醒、鼓励和鞭策的团队成员，并且，我们的环境总是在不断变化，那么我们的目标就总是需要重申，这样也能让所有团队成员相信，管理者的目标是坚定的。

3. 给予指导　**5 分钟**

（课堂限制时间）

A．让学员做训练 #38。

B．给学员两周时间，让他们完成训练题目。

C．要求学员写出在过去两周所做的能够支持他们目标的行为。可以跟所有学员一起讨论，也可以跟学员私下讨论，巩固他们的行为习惯，支持他们实现自己的目标。要求学员详细描述，并举出他们采取的为实现目标而做出的行为。

D．两周后对学员所写的内容进行分析，看看管理者忘记目标的次数有多频繁。还要让学员在他们自认为在向员工强调或交流他们的目标时，最重要的影响因素前画一颗星星。

4. 问问学员以下问题，做出总结　**30 分钟**

A．你每次向员工重申目标间隔的时间有多长？

B．什么样的行为最能让人为了统一目标而前进？

C．你怎么知道这些行为影响了人们的意志力？

D．为了达到目标，你应该在哪些方面付出更多努力？

情商训练 38

为两周的训练做如下记录。在下表中至少写出一项你每天与下属交流目标的行为。

日期	采取的行为
周日	
周一	
周二	
周三	
周四	
周五	
周六	
周日	
周一	
周二	
周三	
周四	
周五	
周六	

对以上写出的内容进行评估，看看你是否有忘记了目标的时候，在那些影响最大的因素前画一颗星星。

情商 #39

为梦想添加能量

情商训练目标

√	自我意识和自我控制
	与他人产生共鸣
	社交能力
√	人际影响力
	坚持原则，把握梦想

主题

- 让学员学习员工推荐的用于推动你实现梦想的方法。
- 帮助学员评估一下，这些方法会怎样推动你实现梦想。

预计用时

45 分钟

材料

情商训练 #39

难度系数

中等

导师教学指导

我们采访的一千多名员工为管理者提供了如下建议，让管理者了解如何鼓舞员工做出最好的工作表现：

1. 相信自己和自己传达的信息。

2. 询问员工该如何往有利的方向前行。

3. 细心提醒员工："不！不！你们弄错了方向！"不要期待不告诉员工，他们自己也会知道。

4. 树立好榜样。

5. 如果你真的关心，就请表现出来。

6. 既要为下属指明方向和目标，也要鼓励他们为目标而努力。

7. 惩处那些不尽职尽责工作的人。

8. 不要给予员工相互矛盾的信息。

9. 问问下属有什么不正常的地方。到他们身边去，仔细倾听。

10. 为失败承担责任。

11. 让下属看清大局。

12. 相信你的下属。

以上清单摘自阿黛勒·B. 林恩的《寻求尊严——职场员工如何与上司建立互信关系》(宾夕法尼亚州拜耳佛农，巴容出版公司，1998 年)。

如果学员赞同员工的建议，他们可能也会对自己的行为做出同样的评价。本次调查能够让管理者明白工作单位中可能存在的一些问题。

本次训练的目的是让管理者对员工的意见和问题更加敏感。

教学指南

	大致时间
1. 综述	**5 分钟**
向学员说明，员工认为的那些最能够激发他们工作积极性的因素是最重要的，是管理者最需要考虑的。还要说明，有时候，管理者考虑到了这些，他们才能更了解员工的感受，跟员工建立良好的关系，并成功激励员工为工作努力。跟学员分享导师教学指导里的调查结果。	
2. 目标	**1 分钟**
本次训练旨在让学员考虑，哪些因素能够巩固并提高管理者的地位。以下调查得出的结果，来自一千多位从事各行各业的人。这些受访的员工按要求提出了自认为最能够激发出他们最佳表现的条件。在本次训练中，你将要思考这些员工的建议，并用这些建议去衡量自己的行为，看看你的管理行为中有哪些需要改善的地方。	
3. 给予指导	**20 分钟**
A．让学员做训练 #39。 B．要求学员思考训练中列出的建议，完成问题。 C．要求学员在自己想要实施（或巩固）的行为前画“√”。 D．要求学员写下在自己的工作中实施这些行为的行动计划。	
4. 问问学员以下问题，做出总结	**20 分钟**
A．根据建议清单，你希望改善或巩固自己的哪些行为？ B．你打算怎样实施你所选择的行为？ C．如果询问你的下属，他们会给你同样的建议吗？请对此进行说明。	

情商训练 39

思考以下列出的员工认为能够激发他们工作积极性的建议，在你最希望实施和巩固的三种行为前画“√”。

□ 1. 相信自己和自己传达的信息。

□ 2. 询问我们该如何往有利的方向前行。

□ 3. 细心提醒员工：“不！不！你们弄错了方向！”不要期待不告诉我们，我们自己也会知道。

□ 4. 树立好榜样。

□ 5. 如果你真的关心我们，就请表现出来。

□ 6. 既要为我们指明方向和目标，也要鼓励我们为目标而努力。

□ 7. 惩处那些不尽职尽责工作的人。

□ 8. 不要给予我们相互矛盾的信息。

□ 9. 问问有什么不正常的地方。

□ 10. 为失败承担责任。

□ 11. 让我们看清大局。

□ 12. 相信我们。

你将如何实施自己所挑选的行为？请详细写下自己的行动计划。

____

____

____

____

情商 #40

自我想象

情商训练目标

	自我意识和自我控制
	与他人产生共鸣
	社交能力
√	人际影响力
√	坚持原则，把握梦想

主题

- 帮助学员为自己追求目标的步骤计划做先后排序。
- 帮助学员确定，哪些行为能够促进他们实现目标。

预计用时

50 分钟

材料

情商训练 #40

难度系数

中等

导师教学指导

所有的管理者面对的任务都很多，因此有时很难做出抉择先做哪一个，要是白天时间够长就好了，那么管理者就会有时间去做实现目标必要的所有工作。管理者必须每一天都要给自己设定目标，并对所设定的目标保持热忱，这样下属才会乐于跟随他一起去完成。

本次训练旨在帮管理者设想一下，自己做积极正面行为的样子。让人设想自己成功时的样子，能帮助他们坚定自己定下的目标，也能够激励他们向目标前进。设想自己一步步走向目标的管理者，更愿意为目标而坚持努力。

教学指南

	大致时间
1. 综述	**1 分钟**

向学员说明，设想是成长过程中强有力的工具之一。告诉学员，许多伟大的运动员都用设想来提高自己的技巧。

2. 目标 **2 分钟**

本次训练旨在让你们设想自己一步一步接近目标，这样，你能够想到为实现目标而采取的积极行动，这有助于你与你的员工实现目标。例如，如果你认为自己在经过办公室时，不经常跟下属交谈，那么想象一下与员工交谈的场景，能让你记得这样去做。想象这种场景还能让你仔细考虑应该跟下属说什么，怎么说，想跟哪一位说。设想只是让你在心底排练一下自己应该要做的行为，这种心理排练还能激发你跟员工沟通的积极性，帮你提高沟通技巧。

3. 给予指导 **20 分钟至 30 分钟**

A．让学员做训练 #40。

B．让学员设想一下，自己正有无限的能量去促成目标的实现。

C．要求他们设想自己是一位有无限能量和精力的管理者。

D．要求他们设想自己有无限能量和精力时自己每天在做，而实际上没有时间去做的行为。

E．要求学员清楚地描绘，倘若有无限的能量和精力，自己会做什么来实现自己的目标。

F．要求学员写下自己设想中的言行举止。

注意：给出充分的时间让他们尽情想象（建议至少 15 分钟），继续要求学员说出自己想象中在做的行为，不断地问：“还有呢？”

4. 问问学员以下问题，做出总结 **15 分钟**

A．在你的设想中，你能做什么来实现你的目标？

B．如果你按设想的去做，会得到什么好处？

C．在现实中，有哪些阻碍你采取设想的行动的因素？

D．谁能够帮你克服这些阻碍？

情商训练 40

自我想象——设想自己拥有无限能量，你会做什么你现在没时间去做的事来实现目标呢？将这些都记录下来。现在，有什么因素阻碍了你，让你不能这样做呢？找出清除这些阻碍的办法。跟你的心理咨询师、你的上司，或其他能帮你清除阻碍的人谈一谈。让自己付诸实施！

情商 #41 最佳与最糟状态给你的经验教训

情商训练目标

√	自我意识和自我控制
	与他人产生共鸣
	社交能力
√	人际影响力
	坚持原则，把握梦想

主题

■ 加深学员对管理者重要性的认识。

■ 让学员以过去的经历为鉴，从那些好的、坏的经历中汲取经验和教训，成为更优秀的管理者。

预计用时

60 分钟

材料

情商训练 #41

难度系数

高等

导师教学指导

你自己过去的经历给你提供了丰富的素材，让你明白，自己哪些事做得不错，哪里还需要提高和改善。当管理者是很不容易的，仅从书中学习管理技巧是不切实际的。书本能够巩固你的理论知识，而你在过去经历中的行为能让你汲取重要的教训和经验。

回想自己担任管理者时的最佳和最糟表现，能够帮你提高自我认识。回想过去经历中犯的错误和做得不错的事，管理者汲取了教训与经验，他们就会改善自己的行为举止，在工作时就能更有效率。

本次训练是管理者根据回忆过去的成功和失败为内容而进行的。回忆这些是为了让管理者汲取教训，并巩固自己获得的成功。

让学员回忆过往的时候，最重要的一点是，导师不能对他们过往的经历进行评论和指责，也要注意，不要让学员相互评论。你应该创造这样一种氛围，让学员大胆说出自己的成功和失败。有时候，根据学员人数的不同，你可能不能让学员进行集体谈论。这时候，你就要用自己的判断力来确定这个话题适不适合集体讨论，如果不行，你只能跟学员单独交流。

教学指南

	大致时间
1. 综述	**2 分钟**
告诉学员，过去的经历通常就是最好的老师。然而，你只有从经历中汲取了经验和教训，你过去的经历才是有价值的。如果你仔细思考从过去的经历中得到的经验教训，那么，让自己回忆过去的成功和失败，就能帮你构建未来成功的蓝图。因此，如果你将过去的经历当作能让你变得更加高效的丰富教材，那么回忆你的成败就能让你收获颇丰。然而，最重要的是，你要对过去的经历有正确的认知，你不要对过去的经历做评判，也不要为过去的错误而后悔难过，只要保持坦然的心态，从中汲取经验教训即可。还要说明，有时候，你经历了失败，就想埋葬这段历史，忘记它，这样你就错过了从失败中汲取教训的宝贵机会。	
2. 目标	**1 分钟**
本次训练旨在让你回忆过去的经历，从中汲取经验教训，这些经验教训能有效帮你成为更优秀的管理者。无论你过去的经历是好是坏，你总会从中汲取到营养。如果你能正视这些经验教训，用这些信息来改善你的管理行为，你就会收获很多。然而，不回顾过往的经历，你也就无法从自己的过错和成功之中汲取经验教训。因此，本次训练旨在让你回忆过去的经历，这样你就能从中汲取营养，以构建你的未来。有时候，回顾过去失败的经历会给你带来痛苦，但你这样去做了，才会得到收获。	
3. 给予指导	**20 分钟**
A．让学员做训练 #41。 B．要求学员仔细回忆、思考，然后回答问题。可以让他们单独思考这些问题。 C．在题中的数轴上画一个“×”来表示自己对自己这个管理者的满意度。 D．还要让他们仔细思考自己希望成为的管理者。为了达到自己设定的目标，他们应该汲取怎样的经验教训？	
4. 问问学员以下问题，并做总结	**40 分钟**
A．从你曾经最糟的经历中，你汲取了什么教训来构筑未来？ B．从你曾经最佳的经历中，你汲取了什么经验来构筑未来？	

C. 你在最糟糕时期形成了哪些习惯？这些糟糕的习惯，你是否沿袭下来了？

D. 你在最佳时期形成了哪些习惯？这些优秀的习惯，你是否沿袭下来了？

E. 你对自己这个领导者满意度有多高？请对此进行说明。

F. 你会怎样提高对自己的满意度？

情商训练 41

回忆你当管理者或老板做出的最糟糕行为，仔细思考这一段时间里自己的状态，你从中能得到什么样的教训？请至少写出两条。

回忆你当管理或者老板做出的最佳行为，仔细思考这一段时间里自己的状态，你从中能得到什么样的经验？请至少写出两条。

在下面的数轴上，标出你对自己这位管理者的满意度。

非常不满意 ←——————————→ 非常满意

你怎样才能提高对自己的满意度呢？

情商 #42

我才是主角

情商训练目标

√	自我意识和自我控制
	与他人产生共鸣
	社交能力
	人际影响力
√	坚持原则，把握梦想

主题

- 提高学员对管理者必须言行一致这一点的认知。
- 让学员明白，管理者最终会形成自己的风格特性。
- 让学员考虑，作为管理者独立思考的重要性。

预计用时

60 分钟

材料

情商训练 #42

难度系数

高等

导师教学指导

每一位管理者都必须根据自己的价值观和评判标准建立个人哲学体系。虽然向他人进行咨询和求助，也能够学到这些知识，但最终每一位管理者都必须用自己的信念系统去引导自己的行为。有时候，因为管理者是在某些特殊的机构组织中成长起来的，这些信念系统的形成遭到了阻碍，有的信念，管理者还没有判断是否适合自己所在的组织机构，便接受了。如果组织机构的信念系统，与管理者自己的信念系统不符，那么，下属就会认为自己的管理者言行不一致。

如果管理者的言行不一致，下属就会认为管理者“不真”；管理者所想的与组织机构所想的不一致，又按照组织机构所想的去做，下属很快就会发现这一点，并认为这些管理者就是“纸板剪影”，认为他们没有主见，只是按照公司要求去做。这并不是说，所有的管理者都不能偶尔做一些与自己的信念系统不同的行为，当然，做一个好下属偶尔也需要这样。然而，当做出了与自己的信念系统不同的行为时，自律性强的管理者能够明白其中的危害，但还是会乐意去做，因为他也能看到，这样做好处也很多。

本次训练旨在帮助管理者确立自己的个人信念系统，并判断自己的信念系统是否与自己所在集体的信念系统相符。高情商的管理者明白自己的信念系统，并且也知道它是如何指导自己的行动的。倘若管理者的信念系统与其所在的（或所创建的）组织集团的信念系统相符，他的行事效率就会很高。

本次训练还会让管理者认真思考，自己的信念系统是否与整个团队的信念系统相符。

教学指南

	大致时间
1. 综述	**2 分钟**

向学员说明，高情商的管理者对自己的信念有深刻的见解。他们能够明确表达自己的信念，如果自己的信念遭到别人的反对，他们能很快地给出理由，向别人证明自己的信念是正确的。这样的管理者很明白，怎样对待他人，怎样合理经营自己的企业或机构来获得最好的结果。这种管理者在考虑特定情况的时候，会利用自己的信念系统。即便他们犯了错误，他们的下属也会认为他们是真诚的。他们不会被视作“点头虫”或胆小鬼，而被认为是能用自己的信念系统判断局势，并据此采取相应行动的人。这种强烈的自我观念让跟随者看到了他们内心的力量。这种管理者无须依赖外在力量或权威人士，因为他明白，自己的信念系统就是自己的力量来源。

2. 目标　**2 分钟**

本次训练旨在帮你确认你的个人信念与管理能力有关。你将思考你的个人信念是否与你所统领的集团组织的信念相符，是否与你的上司的信念相符，甚至是否跟你的同事的信念相符。承认你自己跟其他人的信念的不同，你的地位和信念才能得到巩固。信念坚定的管理者会被视作自信和强势的管理者，跟随者很快就能确定，哪些管理者相信自己所做所说的一切，并将他们与那些只服从组织机构安排的管理者区别开来。与自己所在的机构集团的信念相符的管理者确信，他们的行为与组织机构要求的行为是一致的，而且还会成为更高效的管理者。

3. 给予指导　**20 分钟**

A. 让学员做训练 #42。

B. 要求学员想一想训练问题，并做出回答。允许他们独自思考这些问题。

C. 鼓励学员深入思考这些问题，并将他们的想法拓展到所在机构的每一个方面。

D. 鼓励学员思考如果他们是自己的领导者，他们会怎样行事。

4. 问问学员以下问题，做出总结　　40 分钟

A．你写出的哪些内容跟你的信念系统不同？

B．这些内容跟你的信念系统有何不同之处？

C．什么时候模仿他人能够获得成功？什么时候不能成功？

D．模仿他人的管理风格能怎样帮你确定自己的风格？

E．如果让你当“主角”，你会做出什么不一样的行为？

F．你对自己的组织机构做出的妥协，让你放弃了之前的信念系统吗？这种情况是不是经常发生，以致你都怀疑自己究竟是谁了？请对此进行阐述。

情商训练 42

无论你是做一辈子的管理者，还是只做短短数周，都要反思，自己作为管理者的角色，思考你曾试图实施的，但对你没有意义的想法，也许是一项看起来很愚蠢的公司政策，也许是一个怎么解决员工问题的老板的意见，也许是你读的与工作无关的一本书，这些你曾经的想法、意见和行为跟你自己的信念不同。请列举出一些事例，并分析这些事例，看看你为什么觉得这些行为不对。

想一想你曾试图模仿某个人的管理风格的时候。什么时候模仿成功了？什么时候是不成功的？

如果你无须对谁做交代，你会做出怎样不同的行为？换言之，如果你是自己的领导者，任何事都由你自己完成，自己承担，你会做出怎样不同的管理行为？你觉得自己在哪些方面受到了约束？你会做出怎样的改变？（你们有的人可能已经这样做过了，但对有的人而言，这样做会很有帮助。）

情商 #43 内心的力量

情商训练目标

√	自我意识和自我控制
	与他人产生共鸣
	社交能力
√	人际影响力
√	坚持原则，把握梦想

主题

- 让学员认识内心力量的概念，并说明其对管理者行为的影响。
- 帮助学员找到增强他们内心力量的办法。

预计用时

60 分钟

材料

情商训练 #43

难度系数

高等

导师教学指导

我们的社会里，大多数人都痴迷于用语言炫耀并宣扬自己的能力。能力这种东西，我们需要它，追求它，拥有它，浪费它，滥用它。然而，自我的能力却不是可以拥有、滥用、需要和追求的，它是一种受过良好教养的人言行举止间所流露出来的东西，这种人对自己的言行举止都非常自信。这种能力是这种人拥有的真正的力量。

如果管理者拥有内心的力量，那么就会通过他周围的人和事体现出来。人们都会因为这种力量聚集到他身旁。这力量就如同磁铁一样吸引他人，在他周围的人都能感受到这种力量的存在，都会认为这位管理者是自信的。这股力量是管理者真正的根基所在。内心的力量是管理者其他能力的来源，梦想、目标和灵感也是植根于这里。

跟随者都希望管理者知道前行的方向，如果管理者不知道方向，那至少也应该能找到方向。自信并不意味着管理者知道所有问题的答案，而是意味着，他坚信自己一定能找到问题的答案。自信也不只是意味着拥有掌控权。事实上，最自信的管理者也是最能掌控局面的人。

本次训练旨在让学员探讨内心的力量。每一个管理者都必须深思内心力量的概念，并找到内心力量的来源。

开始讨论的时候，你可以让学员说一说他们对内心力量的认识，然后问一问他们，自认为自己的这种力量有多少。通过这样的讨论，学员也能够明白自己的潜力。

教学指南

	大致时间
1. 综述	**2 分钟**
向学员说明，真正的力量只能来源于自己的内心。如果管理者想要提高工作效率，那么仅靠外部的力量支援是不够的。还要说明，高情商的管理者知道自己内心力量的强大，在面对令人气馁的繁重任务时，他们能依靠这种力量。内心的力量不会失败，因为它是基于对自我的认识而产生的。有的管理者总觉得自己应该掌控一切，大声嚷嚷着发布命令，这就说明，他内心的力量不够强大；而内心的力量足够强大的管理者，不这样做就能够掌控一切，因此他们才是最有掌控能力的人。请对这两种人进行区分。	
2. 目标	**2 分钟**
本次训练旨在帮你确认你内心力量的来源。这种力量怎样促成了你的领导者行事风格？本次训练仅仅是你找寻内心力量源泉的开始。高情商的管理者每天都在思索该如何提高行事效率，这样做，他们就会更明白自己内心力量的来源，他们的这种力量也会变得更强。那些最成功的管理者明白，这种力量不是能够拥有、增加或使用的，它源自我们的内心深处，是通过强烈的自信和豁达而展现给其他人的。	
3. 给予指导	**20 分钟**
A. 要求学员做训练 #43。 B. 要求学员仔细思考训练提出的问题，并做出回答。允许他们抽时间思考这些问题。	
4. 问问学员以下问题，并做总结	**15 分钟**
A. 你内心的力量有多强大？ B. 你怎样定义内心的力量？ C. 你认为内心的力量会怎样影响管理者的行为？ D. 你认为怎样才能增加自己内心的力量？ E. 下属如何知道他们的领导者内心的力量很强大？ F. 下属如何知道他们的领导者内心的力量很弱小？	

情商训练 43

你内心的力量有多强大？请在下面的计量器里画出代表你内心力量强弱的线。

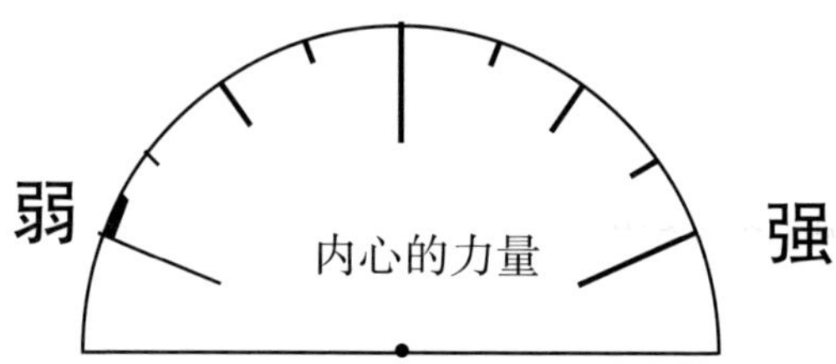

你如何定义内心的力量？

____

____

____

你认为，内心的力量会怎样影响管理者的行为？

____

____

____

你认为，怎样才能增加自己内心的力量？

____

____

____

情商 #44 控制欲和赋权

情商训练目标

√	自我意识和自我控制
√	与他人产生共鸣
	社交能力
√	人际影响力
	坚持原则，把握梦想

主题

■ 让学员明白自己的控制欲的强弱。

■ 让学员认识到自己希望控制他人的主要原因，并弄明白这种控制欲望产生的影响。

预计用时

55 分钟

材料

情商训练 #44

难度系数

高等

导师教学指导

每一位管理者在成长过程中都会去探索管理者和控制权之间的关系，而且还要去学会处理这种关系。有些管理者就没有处理好这种关系，他们总是过度控制一切，希望能操纵下属的一举一动。从另一方面而言，一位掌控得当的管理者就具备这样一种潜能：能让其他人听命于他。

过度控制他人是缺乏内心力量的表现。试图要控制身边的一切，包括人、事情和地方——这种人的内心其实缺乏安全感，他们对自我缺少认识，对自己和他人都不信任，总觉得自己对周围的所有人和事都没有掌控权。

真正的内心力量能够鼓舞你身边的其他人。你如果自由地发挥出这种力量，就会收获丰厚的回报，它是赋权的本质所在。赋权意味着，你能让其他人尽自己所能完成自己的职责。还有什么比激发他人的能力——允许他人用自己内心的力量完成手中的任务——更有意义呢？

本次训练旨在检测管理者的控制欲。你可以将此次训练的内容跟检测管理者控制欲的行为评估结合起来，做出评估。

教学指南

	大致时间
1. 综述	**1 分钟**
向学员说明，许多管理者都希望能够控制他人。不幸的是，这种控制欲通常都会扼杀管理者的主观能动性，以及管理者自身和员工的创造力。会扼杀员工的创造力是因为你的控制欲不能让他们独立思考为整个团队做出自己的贡献。然而，如果管理者明白自己的控制欲有多强烈，他们也就能克服自身所有的员工所讨厌的特性。此外，能够让员工做出最佳表现的管理者，虽然分散了他们手中的权力，但对大局的掌控权仍然握在他们手中。	
2. 目标	**1 分钟**
本次训练旨在帮你测定，你对所引领的团队的控制欲的强弱。另外，本次训练还将让你思考你的控制欲可能造成怎样的影响。而且，最重要的是，你要明白，你对不同的人的控制欲可能有所不同，通常，这种差异是因为你对不同的人的能力和技巧的满意度不同而导致的。你对该员工的能力和技巧满意，你对他的控制欲就很弱；你对该员工的能力和技巧不满意，你对他的控制欲就很强。发生这种情况的时候，你可以让你想控制的员工参加培训，提高技能，从而达到让你满意的程度。	
3. 给予指导	**15 分钟**
A. 让学员做训练 #44。 B. 要求学员思考训练问题，并做出回答。允许他们单独思考这些问题。 C. 鼓励学员说出自己控制最多和最少的人是谁。 D. 还要让学员思考一下，为什么他们要剥夺某些员工的权力，这理由可能意味着还要对那些员工采取一些其他行为措施。	
4. 问问学员以下问题，做出总结	**40 分钟**
A. 你对不同员工的控制欲有何不同？ B. 你对某位员工的控制欲是否跟你对他的能力的信任度成正比？请进行说明。	

C．你对某位员工的控制欲是否跟你对他的工作态度的信任度成正比？例如，那些有消极态度的员工总能够激起管理者的控制欲，因为管理者认为，你们的客户，以及你们团队里的其他人，可能都发现了该员工的这种消极态度。请进行说明。

D．你不愿放任自流，那么，你会对那些你希望控制的员工采取什么行为呢？例如，给他进行技能培训，能不能削弱你的控制欲？提高你与该员工的互信程度，能否削弱你的控制欲？

E．对那些你觉得很有必要控制的员工，你还可以采取什么别的策略去应对？

情商训练 44

在下面的数轴上，画下一个“×”来表示你对他人的控制欲的强弱。

强烈的控制欲 ←——————→ 微弱的控制欲

你的下属认为你控制欲强吗？在下面左侧写下你员工的名字，在右侧的数轴上标注出他们认为你的控制欲的强弱。

姓名 ________________ 强烈的控制欲 ←——→ 微弱的控制欲

姓名 ________________ 强烈的控制欲 ←——→ 微弱的控制欲

姓名 ________________ 强烈的控制欲 ←——→ 微弱的控制欲

姓名 ________________ 强烈的控制欲 ←——→ 微弱的控制欲

姓名 ________________ 强烈的控制欲 ←——→ 微弱的控制欲

姓名 ________________ 强烈的控制欲 ←——→ 微弱的控制欲

你对谁的控制欲最微弱？请在下面写下他们的名字。为什么呢？

情商 #45 成长步骤

情商训练目标

√	自我意识和自我控制
	与他人产生共鸣
	社交能力
	人际影响力
√	坚持原则，把握梦想

主题

- 让学员养成评估自己学习管理技能的习惯。
- 帮助学员认识到终生学习管理技能的原则。

预计用时

50 分钟

材料

情商训练 #45

难度系数

高等

导师教学指导

成为更优秀的管理者有许多不同的办法，不过，最重要的并不是采取哪种办法，而是一旦开始就要坚持。高情商的管理者总是在重新评估过去的事情留给自己的经验教训，他们还有一套评估自己学习成果的理论经验，他们不会将那些错误“分解封存”；相反，他们会用所领教到的教训让自己变得更优秀。同样，他们也不会依靠过去的成就，而是在将来创造更大、更多的成就。

作为导师，你的职责就是要鼓励他们调查研究，支持他们的学习，帮助他们成长。最重要的是，你要经常鼓励学员，让他们找到提高自己的方法。

根据调查研究，笔者在本书中列出了一个管理者成长的五步方案。训练你的学员的时候，这五点是他们学习的主要步骤。然而，无论你用的是什么理论，鼓励学员不断对自己的成长过程进行评估，并让他们找到恰当的方式做出改善，这才是最重要的。

教学指南

大致时间

1. 综述　1 分钟

向学员说明，学习是终生持续性的，鼓励学员像享乐一样享受学习的过程。只有不断地学习，管理者承担职责的时候才会觉得更轻松。树立了正确的信念系统，管理者才会更加自如，更加信任自己。然而，要强调一句，所有的管理者，尤其是优秀的管理者，都将他们的成长看作不断努力、不断进步的过程。需要说明，管理者变得优秀的过程是没有止境的，他们一直都在通往优秀的路上前进。

2. 目标　5 分钟

本次训练旨在提供一种理论，让你思考过去的经历，并从中获取经验教训，任何理论都可能有用，而我们推荐的理论方案更简单易行，我们希望你能进行尝试。步骤如下：

- 获得他人的评价和建议。
- 回忆过去并深思。
- 从过去的经历中汲取教训。
- 给自己画卡通像，并大笑。
- 让自己成长。

（根据训练内容解释每一步骤的含义。）

3. 给予指导　10 分钟

A. 让学员做训练 #45。

B. 要求学员思考这五步过程中的问题，完成训练。允许学员独立思考这些问题。

C. 鼓励学员在一个月的时间里使用这个五步策略（有的学员每天都按照这个策略而行）。

注意：偶尔，管理者也会不理解，为什么要用幽默感（第四步：给自己画卡通像，并大笑）。幽默感有两大作用：（1）将我们的行为比作有趣的事物，能让我们记住我们成长的目标。例如，我是个急性子，即便不是很紧迫的事情，我也希望能马上做好。我将自己想象成《爱丽丝梦游仙境》中的白兔先生，总会做出荒诞可笑的行为，总能够记住要放松心情。（2）我们要原谅自己曾经犯过的错误。幽默感能让我们化解这些错误带来的不好感觉，并让我们告诉自己，那都已经过去了，现在我们要继续前进。

4. 问问学员以下问题，并做总结 **35 分钟**

A．你用什么方法去获得别人的评价和建议?

B．你是怎样思考的?

C．你从过去犯的错误中获得了什么教训?

D．你用什么办法能检测自己的幽默感?

E．你怎样让自己不断成长和成熟?

F．经常评估自己的经验教训对你有什么好处?

情商训练 45

1. **获得他人的评价和建议**——我最喜欢先让那些对我有好感的人对我做出评价，提出建议；然后，我会特地去询问那些不看好我的人对我的意见（这样做真的很难，不过我还是努力去征求他们的意见，而且我从他们那里已经得到了一些重要的信息）。你会要谁给你进行评价和建议？你会怎么向他们提出呢？

2. **回忆过去并深思**——多年来，我一直习惯记日记来进行回忆和思考；我发现，将我的想法和观点都写在纸上是没用的；我还喜欢去森林里遛狗，一边遛狗一边思考。你觉得怎样回忆并思考对你而言最有效？无论你用哪种方法，我建议你每天都这样去做。

3. **从过去的经历中汲取教训**——我们在生活中总会犯错。我并不是提倡完美主义，然而，作为管理者，如果我们经常犯同样的错误，那是不行的。我们要审视自己，要从过去的错误中汲取相应的教训。在日记里，我通常会记下从过去的经历中汲取的教训和经验，然后，在我面对艰难和困境时，我就从日记中找到相应的教训和经验，并付诸实施。你从过去所犯的错误中能学到什么？

____

____

____

____

4. **给自己画卡通像，并大笑**——作为管理者，我们对待工作事务应该严肃认真，然而，我发现，要成为一位优秀的管理者，幽默感也很重要。面对困境的时候，我最喜欢用卡通形象来化解。我将看到的卡通形象裁剪出来，放在一个显眼的角落里，提醒自己要放松心情。你当管理者的时候会怎样利用幽默感呢？

____

____

____

____

5. **让自己成长**——思考自己的行为，你有时候会违背过去设定的规则，挑衅那些设定规则的人。成为管理者，你有时候要质疑过去的规则，接受那些对你有用的规则，并创造新的适合你自己的规则。你是否有需要放弃的东西？你是否创造了自己独特的思维和方式？你可以试着去做。

____

____

____

____

摘自阿黛勒·B. 林恩的《寻求尊严——职场员工如何与上司建立互信关系》（宾夕法尼亚州拜耳佛农，巴容出版公司，1998 年）。

情商 #46 阻碍你成长的“精神杀手”

情商训练目标

√	自我意识和自我控制
	与他人产生共鸣
	社交能力
	人际影响力
√	坚持原则，把握梦想

主题

■ 让学员思考并讨论大家普遍熟悉的阻碍管理者成长的“精神杀手”。

■ 帮助学员制定策略，抵御这些“精神杀手”，防止它们阻碍他们的成长。

预计用时

50 分钟

材料

情商训练 #46

难度系数

高等

导师教学指导

大家都想要成为成功的管理者，那就有必要提出，某些特定的“精神杀手”能够阻碍管理者获得成功，认识这些“精神杀手”能够有效遏制它们的有害作用。阻碍成长的最为人熟知的“精神杀手”如下所列：

自负——人太看重“自我”就是自负。自负的人，大家一下子就能看出来。自负是最主要的“精神杀手”之一，它阻碍了我们更深入地了解自己；它让我们看不到事实真相，“自我”越膨胀，成功的阻碍就越大。如果我们总认为自己是优秀的，那我们怎么会去考虑改变自己呢？如果我们不太注重自我，而是真正地去了解自己，对自己做出诚恳的评估，我们就一定能够成熟和成长起来。有意思的是，管理者有时候会表现得自负，是因为他们不知道，还有其他方式能够表现出自己的优秀，他们只是用自负的方式来“表演”。

恐惧——阻碍我们成长的最大恶魔就是恐惧。恐惧是深不可测的一种情绪。我们一直担心问题会发生，那么，这种担心就会主导我们的心跳和精神，逐渐把我们的能量和意志力消耗殆尽。我们应该相信，自己一定能够控制住问题。如果我们不相信这一点，那我们就不会变得成熟。

受到威胁就投降——如果我们自己不够强大，就很容易产生害怕恐慌的情绪，那么别人的恐吓和威胁会让我们变得惊慌失措，没有安全感，因而产生恐惧。这些坏情绪入侵——是我们自愿让它们侵入的——会摧毁我们的自信心，这个“杀手”之所以让我们很难成长，就是因为它的入侵让我们丧失了成长的自信。

懒散——人很容易犯上偷懒的毛病。它会让成功之路更加艰辛，因为成长需要我们自我反省，并对已经出现的问题进行反思。然后，我们还需要做出改变。要做出改变是很困难的事。如果我们让懒散占了上风，生活也许会轻松，但也会变得死气沉沉。

内心的惰性——有时候，人们谋求发展时，是按正确的方向前行的。他们思考并寻求真理，在需要的时候也去谋求改变。也许，他们甚至开始了艰难的改变之旅。但是，在改变时，他们一遇到困难，就容易被困难打倒，身陷其中，无法自拔。他们内心的惰性控制住了他们，他们无法摆脱这种惰性，就像是被卡在树上的猫一样，寸步难行，无处求助。

忽略事实真相——我们已经磨砺出了自己忽略事实真相的能力。我们听到了真相和真理，但我们总认为它们是假的，骗人的。我们总有理由对事实真相不予理会，让它们无法在我们心底生根发芽。

摘自阿黛勒·B. 林恩的《寻求尊严——职场员工如何与上司建立互信关系》（宾夕法尼亚州拜耳佛农，巴容出版公司，1998 年）。

作为导师，你的职责就是帮学员评测这些“精神杀手”有没有阻碍他们的成长。大家偶尔会屈服于这些“杀手”，但如果它们经常来袭，那我们就不可能成长发展。高情商的管理者会打败这些“杀手”，并继续前行。作为导师，你的职责就是帮他们清除这些“杀手”给他们造成的危害。

教学指南

	大致时间
1. 综述	**5 分钟**

向学员说明，那些阻碍成长的“精神杀手”还会让他们不能够去学习别人的经验，不能够接受新的知识。高情商的管理者已经认识了那些阻碍成长的因素，并努力去克服它们。阻碍我们成长的六大主要“精神杀手”是：

- 自负
- 恐惧
- 受到威胁就投降
- 懒散
- 内心的惰性
- 忽略事实真相

然而，如果管理者力求进步和提高，那么就能战胜这六大“杀手”，但打败它们的第一步还是要认识并了解它们。

2. 目标 **1 分钟**

本次训练旨在让你们认识并了解这六种最能阻碍你们成长，让你们无法成为优秀管理者的“精神杀手”。管理者要想不断进步，想变得更加优秀，认识“杀手”这一步非常重要，而且这也是提高情商的重要步骤。在本次训练中，我们的目的是帮你们辨认那些在工作中阻碍成长成熟的“精神杀手”，这样，你们才会想出能够抑制它们的有效策略。

3. 给予指导 **20 分钟**

A．让学员做训练 #46。

B．要求学员在偶尔会出现并阻碍他们成长的“精神杀手”前画一个“√”，完成训练问题。

C．要求学员思考，该如何阻止这些“精神杀手”的作用。

4. 问问学员以下问题，并做总结　25 分钟

A. 看看列出来的这些“精神杀手”，有没有一种行为模式是最能损害你的？

B. 你认为你能够做些什么来削弱这些“精神杀手”的影响？

C. 你可以向谁求助来打败这些阻碍你成长的“精神杀手”？

D. 如果你能够让你的生活免遭这些“杀手”侵袭，那你会获得什么好处？

情商训练 46

“精神杀手”——六种阻碍管理者成长的“精神杀手”如下所列，在偶尔阻碍你成长的“精神杀手”前画“√”。

□ 自负

□ 恐惧

□ 受到威胁就投降

□ 懒散

□ 内心的惰性

□ 忽略事实真相

你能做些什么，以避免这些“精神杀手”阻碍你成长？

情商 #47

你最优秀的自我

情商训练目标

√	自我意识和自我控制
	与他人产生共鸣
	社交能力
	人际影响力
√	坚持原则，把握梦想

主题

■ 帮助学员更深入地了解自己，并增强他们的自信心。

■ 让学员学着欣赏自己优秀的管理才干，并让他们对拥有这些品质充满感激。

预计用时

60 分钟

材料

情商训练 #47

难度系数

高等

导师教学指导

每一位管理者自身都有某些重要的优秀品质，这些优秀品质能够让他们成为更优秀的管理者，重要的是，要让学员意识到自己具备这些优秀品质，以便在最需要的时候发挥出来。

认识到这些优秀品质的重要性，并时时提醒自己去发现，学员就更能在需要的时候发挥出来。另外，与人交流的时候，展现出自己的优秀品质，人们才会更信任你、欣赏你、看重你。

本次训练要求管理者给那个更优秀的自我写一封信。管理者需要找到自己最出众、最优秀的品质。导师让他们发现这些品质，就是在要求他们展露出自己的优秀品质，让所有人都发现他们的闪光点。

导师的任务就是要确认管理者的优点，确认过程必须实事求是。本次训练还可以确认学员的职业选择是否正确。有时，某些学员可能会发现，他们的优点和强项并不在目前任职的工作上，或者跟他们的工作内容不符。如果有这些情况，导师不应忽略他们的声音。

教学指南

	大致时间
1. 综述	**1分钟**
向学员说明，确认并展露他们最宝贵的才赋是很重要的。每一位管理者都有自己的特殊品质和技能，能够显示出自己的优秀面。然而，有些管理者可能还没发现自己具备这些天赋才干，他们如果真正发现了自己的才干，就会将这些优秀面展露给他人，让他人有效利用它们，这样他们就变成更优秀的管理者。高情商的管理者总能知道应该在哪里做出与众不同的行为。通常，管理者表现出自己优秀的、令人感到舒服的本性一面时，他们的表现都会很有效率，而且自己也会很满足。	
2. 目标	**5分钟**
本次训练旨在让你欣赏并尊重那个最有才华的自我。每一位管理者都有自己优秀的一面，这优秀的一面有一些特定的品质个性，在恰当的时候表现出来，就会激励并鼓舞其他人。认识到自己的优点，并将它们展露出来的管理者，是高水平的管理者。不要将管理者展露优点的这种行为视作自高自大、自负，这并不是自高自大、自负，而是很谦逊地展现自己的优秀之处。如果你明白自己的过人之处，并且在担任管理者的时候运用了这些特质，那么你就能鼓舞你身边的其他人。在本次训练中，你将认识那个最有才华的自我，并以拥有这种才华为荣。管理者最有才华的自我就是具备管理天赋才能的自我。最有才华的自我并不会用管理者的职责来约束管理者的言行，相反，管理者的言行自然流露出管理才能，别人很容易感受到，也会觉得管理者的言行非常鼓舞人心。你知道，鼓舞人心的言行就是自己展现的最优秀的一面。当然，大部分人都不能一直保持这种状态，不过你这种状态保持得越久，你的表现也就越优秀。然而，大多数管理者都发现，自己只能够持续这种状态一小段时间。管理者总是抱怨，他们因为组织机构的条件和其他因素所限，无法展现出他们最优秀的自我。	
3. 给予指导	**30分钟**
A．让学员做训练 #47。 B．要求每一位学员给最优秀的自我写一封信。可以让他们私下单独完成。	

4. 问问学员以下问题，并做总结 **25 分钟**

A．你最崇拜自己的哪些优秀品质？

B．你认为自己表现出最优秀的自我的频率有多高？

C．有哪些因素阻碍你一直展现最优秀的自我？

D．你表现出自己最优秀的一面的时候，你认为你周围的人会有怎样的想法和感受？

E．你需要做些什么来提高优秀的自我的展现频率？

注意：在做总结的时候，学员通常都会讨论品质是否适合组织机构的问题。事实上，有时候组织机构会限制管理者的管理能力。然而，这也可能只是学员自己的看法，并不一定是真实情况。必要的时候，你可以开展讨论，帮学员挑选他们在自己机构组织内的行事方式，甚至开展职业教育讨论。

情商训练 47

给你最优秀的自我写一封信，告诉他 / 她你最崇拜他 / 她的地方，并告诉他 / 她，你为什么愿意为他 / 她而努力，并对他 / 她的优秀之处表达感激。

情商 #48 你的管理者“徽章”

情商训练目标

√	自我意识和自我控制
	与他人产生共鸣
	社交能力
	人际影响力
√	坚持原则，把握梦想

主题

- 帮助学员提高自我认识，并培养他们的管理者观念。
- 帮助学员增强管理者身份认知。

预计用时

40 分钟

材料

情商训练 #48

难度系数

高等

导师教学指导

古时候，“徽章”是个人、家族和国家的象征物。徽章上的符号代表着一个人、一个家族或一个国家。这些符号因个人、家族和国家的不同而异。

每一位管理者都有自己独有的特质，这些特质就成为他们作为管理者的象征——代表了管理者的个性。随着管理者管理观念的成熟，这些特质也越发显著，并且会引导他们作为管理者对事物的看法和观念。

最重要的是，管理者应该思考自己作为管理者最明显的特质是什么。本次训练的目的就是让管理者找到一个能够形象展示出他们最重视的特质的“徽章”。

这个“形象徽章”让大家明白管理者的信念，并且也告诉了大家他最重视的管理者特质是什么。徽章还能够提醒我们，这位管理者是什么类型的人，以及这位管理者所希望具备的特质是什么。

在本次训练中，作为导师，你应该去了解学员选择的“徽章”的含义，并要求他们按照自己选择的标准去做。偶尔你可能还要帮学员思考一下，他们认为最重要的特质有什么作用。你应该将管理者的特质和价值观形象化地展现出来。

教学指南

	大致时间
1. 综述	**2 分钟**

向学员说明，管理者了解自己的价值观是很重要的。高情商的管理者明白，什么对他们而言是最重要的，他们不会借用别人的管理风格，相反，他们能够自如驾驭自己所拥有的管理风格。还要向他们说明，古时候，“徽章”是个人、家族和国家的象征物。徽章上的符号代表着一个人、一个家族或一个国家。这些符号因个人、家族和国家的不同而异。

向学员说明，每位管理者都有自己重视的特质，这些特质也变成他们作为管理者的象征——代表了管理者的个性。随着他们的管理观念不断成熟，这些特质也越发显著，并且会引导他们作为管理者对事物的看法和观念。

2. 目标　**1 分钟**

本次训练旨在帮你们树立一个代表你们管理者形象的“徽章”，从而让你们建立自己的管理哲学。

最重要的是，你们应该思考自己作为管理者最明显的特质是什么。本次训练就是让你们树立一个能够形象展示出你们自己作为管理者特质的“徽章”。

这个“形象徽章”让大家明白你这位管理者的信念，并且也告诉了大家你最重视的管理者特质是什么。徽章还能够提醒我们，你这位管理者是什么类型的人，以及你这位管理者所希望具备的特质是什么。

3. 给予指导　**30 分钟**

A．让学员做训练 #48。

B．要求学员画一个他们认为最能代表他们重视的管理者特质的徽章图案。

注意：本次训练通常是在大海报或大活动挂图上完成的，能让全班都看到。鼓励学员不要注重画工，只要画出大概轮廓就好。

4. 问问学员以下问题，并做总结　**每人 5 分钟**

A．你在徽章上画下了什么形象，它们有什么含义？

B．你为什么会看重这些品质特性呢？

情商训练 48

在如下的徽章中，画出四种你认为能代表管理者最重要特质的事物。例如，你的徽章里可能有“火”，这就意味着你认为管理者必须有激情；“狮子”，就意味着你认为管理者必须有能力；“耳朵”，就代表着你认为管理者必须具备倾听的能力；等等。

情商 #49

更多思考

情商训练目标

√	自我意识和自我控制
	与他人产生共鸣
	社交能力
	人际影响力
√	坚持原则，把握梦想

主题

- 帮助学员提高自信心和对自我的认识。
- 让学员欣赏自己优秀的管理品行，并为此心怀感恩。

预计用时

60 分钟

材料

情商训练 #49

难度系数

高等

导师教学指导

自信的管理者了解自己在管理方面的价值。他们明白什么才是最重要的，也自有一套管理哲学。

仔细思考自己将成为怎样的管理者，这是管理者成长的重要步骤。思考能帮助管理者找到正确的管理观念。高情商的管理者依靠这些观念进行管理，只有这样，他们的下属才会认为他们是自信的。

作为导师，你的职责就是要帮学员确立信念，并让他们按照最优秀的管理者原则去检验自己的管理原则和观念，并鼓励学员按自己的原则和观念行事。

对那些经验不足的管理者，你应该介绍读物、课程供他们学习，并进一步讨论帮助他们巩固自己的管理哲学。

教学指南

	大致时间
1. 综述	**1分钟**

向学员说明，反思自己的管理行为去确定管理哲学对管理者的重要性。

向他们说明，反思这些能增加他们的自信心，并且让他们明白对管理者而言最重要的是什么。还要解释，高情商的管理者自有一套管理哲学，这是他们力量的源泉。

2. 目标　2分钟

本次训练旨在帮你们思考，自己最重视的管理者的个性特征。思考你最为重视的这些特征，你会对你的管理决策感到自信，并将这种自信传递给其他人。本次训练中的问题帮你从客观的角度去审视自己的言行举止，它们是评估你所重视的管理者特质的工具。而且，商业社会飞速发展，通常你都无法静心思考，因此，本次训练为你提供了这样的机会，让你不必匆忙工作，自由创造自己的管理哲学。

3. 给予指导　25分钟

A．让学员做训练 #49。

B．要求学员回答训练中的问题，允许他们私下单独思考这些问题。

4. 问问学员以下问题，并做总结　30分钟

A．你对训练中提出的问题做出的回答有相同的地方吗？

B．你发现你的答案有什么相矛盾的地方吗？请对此进行说明解释。

C．如果你成为你想要成为的管理者，你会觉得高兴吗？为什么？

D．哪些因素阻碍了你成为你理想中的管理者？

E．怎样才能消除这些阻碍？

情商训练 49

假设现在已经是 10 年后了，而你也不在你现在的单位工作了。一群你以前的雇员聚集到一起，回忆曾经当你的属下的时光。他们会对你做出怎样的评价？

假设现在是你的葬礼，有人走过来称颂你，他说你是他曾共事的最优秀的管理者。他 / 她会对你做出怎样的评价？

如果你有一根魔杖，能让你变成更优秀的管理者，你会怎么做？

假设你现在已经 80 岁了，回顾以往担任管理者的时候，你有遗憾吗？如果有，是什么样的遗憾？

情商 #50

想象的力量

情商训练目标

√	自我意识和自我控制
	与他人产生共鸣
	社交能力
	人际影响力
√	坚持原则，把握梦想

主题

- 帮助学员设想他们认为最重要的管理哲学和价值观。
- 增强学员作为管理者的自信心。

预计用时

50 分钟

材料

海报板、杂志、胶棒和魔笔（一种美国记号笔）

难度系数

低等

导师教学指导

想要引领一个团队，并激励大家竭尽全力做好工作，管理者就需要准确了解自己希望从下属那里获得什么。管理者还需要让所有的员工都明白自己应该怎样做，团队才能够合作共赢。最重要的是，管理者必须明白，团队和团队精神对自己而言意味着什么。

能够向自己的团队说明他对“团队和团队精神”的理解的管理者，比不能这样做的管理者拥有更大的优势，因此本次训练旨在帮助管理者创建一个自己理想中的“形象团队”。

还有，有了这个“形象团队”，管理者就能够明白，自己最重视团队和团队精神概念的哪些特质。

本次训练要求学员在杂志、海报和书籍上找到相应的人物和事例来阐述自己对团结合作的理解，让学员创造一个理想中的“形象团队”，用于帮助学员认识团结合作对于实现目标的重要性。这个“形象团队”也是管理者如何引领下属做出最佳表现的哲学观念的延伸。

本次训练找到的资料可以帮助学员去管理好自己的团队，也能帮助学员和他的团队确立共同奋斗的梦想和追求。

管理者确定了自己的管理哲学，并准备跟自己的团队分享这一理念，那么本次训练还能帮学员让自己的团队确立共同的目标。

教学指南

	大致时间
1. 综述	**1 分钟**

向学员说明，想要领导并激励鼓舞团队里的其他成员，管理者需要准确了解自己对团队的期望。

所有团队成员都该明白，他们该怎样协力团结，合作共赢。最重要的是，管理者必须明白，团队和团队精神对自己而言意味着什么。

能够向团队成员说明自己对团队和团队精神的理解的管理者，比那些不能说明的同行更有优势，因此本次训练旨在帮助管理者创建一个理想的“形象团队”，以便让自己和团队成员理解团队的概念。

2. 目标　　2 分钟

本次训练旨在帮你们建立团队意识和团队精神，还要求你们将自己的理解告诉团队成员。创建自己理想的“形象团队”，你就能清楚地了解自己最为重视的管理者特质，并且知道该怎样将这种特质跟团队以及团队精神结合起来。

本次训练要求你们在杂志、海报和书籍上找到相应的人物和事例来阐述自己对团结合作的理解，让学员创造一个理想中的“形象团队”，用于帮助学员认识团结合作对于实现目标的重要性。这个“形象团队”也是管理者如何引领下属做出最佳表现的哲学观念的延伸。

3. 给予指导　　40 分钟

A．给学员提供以下物品：杂志、胶棒、海报板和魔笔。

B．要求学员在杂志海报上找出一些吸引他们目光的人物和事例的报道。这些人物和事例既有能够反映团队合作的重要性，也有反映团队不合作的危害性。通过这些内容能反映出学员对团队和团队精神的理解。

C．要求学员将这些报道贴到海报板上。

D．如果可以，魔笔可以用来记录这些报道所反映的主题。

E．让学员好好思考该怎样创作自己的海报。

4. 问问学员以下问题，并做总结 **每人 10 分钟**

A．向大家解释你选择的人物和事例的报道，你选了哪些资料报道？你认为它们有什么含义？

B．跟你的团队成员分享这些资料报道有什么好处？

C．哪些因素阻碍了你创建资料报道中所反映的优秀团队，以及这些资料报道中所反映的积极的团队精神？

D．你会怎样克服这些阻碍？

附言

本书中的训练可以在多种课程中使用。情商是很多职场技能的基本组成要素之一，因此，作为导师，你在进行任何领导者或管理者培训时，传授的沟通技巧、团队建设技巧、人际交流技巧，都能用上这些训练内容。

用以下的指导说明来选择最恰当的训练，因为本书介绍的是培养管理者的内容，因此，每次授课时，导师需要换用同行、同事、团队成员和其他描述来代替目标词“管理者”。

培养沟通技巧的情商训练

（进行这些训练时，你可以用“同事”来替换“管理者”一词）

情商训练	原文页数	难度系数	情商能力				
			自我意识和自我控制	与他人产生共鸣	社交能力	人际影响力	坚持原则，把握梦想
1. 重视和不重视	19	M	√		√		
9. 情绪管理	63	H	√	√			
11. 倾听的习惯	73	M	√	√	√		
12. 真正的倾听	81	L	√	√	√		
13. 协调与员工的关系	85	M	√	√	√		
19. 表示感谢	119	H	√	√	√	√	
46. 阻碍你成长的“精神杀手”	259	H	√				√
47. 你最优秀的自我	265	H	√				√
48. 你的管理者“徽章”	271	H	√				√
49. 更多思考	275	H	√				√

培养团队合作的情商训练

（在进行以下这些训练时，你可以用“团队成员”来代替“管理者”一词）

情商训练	原文页数	难度系数	情商能力				
			自我意识和自我控制	与他人产生共鸣	社交能力	人际影响力	坚持原则，把握梦想
1. 重视和不重视	19	M	√		√		
7. 个性竞争	53	L	√	√	√	√	
8. 工作氛围	57	M		√	√	√	√
9. 情绪管理	63	H	√	√			
11. 倾听的习惯	73	M	√	√	√		
12. 真正的倾听	81	L	√	√	√		
13. 协调与员工的关系	85	M	√	√	√		
14. 得到欣赏和重视	89	L	√		√	√	
16. 天赋才干	101	L			√	√	
19. 表示感谢	119	H	√	√	√	√	
20. 偏心	125	M		√			√
25. 我重视，我们就重视	153	M	√			√	√
27. 你对我有什么意见？	165	H	√	√		√	
45. 成长步骤	253	H	√				√
46. 阻碍你成长的“精神杀手”	259	H	√				√
48. 你的管理者“徽章”	271	H	√				√
50. 想象的力量	279	L	√				√

培养人际交流的情商训练

（进行这些训练的时候，用“同行”代替“管理者”一词）

情商训练	原文页数	难度系数	情商能力				
			自我意识和自我控制	与他人产生共鸣	社交能力	人际影响力	坚持原则，把握梦想
1. 重视和不重视	19	M	√		√		
2. 重视程度	25	L	√	√	√		
3. 为提高重视程度而努力	31	L		√	√	√	
6. 按自己所想的行事	47	L			√		√
7. 个性竞争	53	L	√	√	√	√	
8. 工作氛围	57	M		√	√	√	√
9. 情绪管理	63	H	√	√			
11. 倾听的习惯	73	M	√	√	√		
12. 真正的倾听	81	L	√	√	√		
13. 协调与员工的关系	85	M	√	√	√		
14. 得到欣赏和重视	89	L	√		√	√	
19. 表示感谢	119	H	√	√	√	√	
45. 成长步骤	253	H	√				√
46. 阻碍你成长的“精神杀手”	259	H	√				√
47. 你最优秀的自我	265	H	√				√
48. 你的管理者“徽章”	271	H	√				√
49. 更多思考	275	H	√				√

仅用于培养管理者 / 经理 / 高管的情商训练

情商训练	原文页数	难度系数	情商能力				
			自我意识和自我控制	与他人产生共鸣	社交能力	人际影响力	坚持原则，把握梦想
2. 重视程度	25	L	√	√	√		
4. 给你的员工分等级	37	H	√	√	√		
5. 要求回馈	43	H	√	√	√		
9. 情绪管理	63	H	√	√			
10. 坦诚友善与真正的友好	69	M		√	√		√
15. 感恩的心	95	L	√		√		
17. 是的，不过……	107	M					√
18. 表达欣赏和感激时常犯的错误	111	H	√	√		√	
21. 公平分配	131	H		√		√	√
22. 尽职的老板和上司	137	H	√	√		√	
23. 行为反应	143	M	√	√		√	
24. 坚定立场	147	H				√	√
26. 奉献精神的“杀手”	159	H	√	√		√	
28. 远见卓识	169	L	√			√	√
29. 我的梦想	175	M			√	√	√
30. 鼓舞人心的言语	179	H				√	√
31. 与人共享你的梦想	183	M				√	√
32. 谁设定目标？	187	H	√			√	
33. 员工也有自己的梦想	193	H	√		√	√	
34. “期望杀手”	199	H	√	√		√	
35. 从领袖的故事中汲取经验	205	L	√				√

续表

情商训练	原文页数	难度系数	情商能力				
			自我意识和自我控制	与他人产生共鸣	社交能力	人际影响力	坚持原则，把握梦想
36. 为梦想而努力	209	M				√	√
37. 团队成员的建议	213	H	√			√	√
38. 一步一步为目标而努力	219	M				√	√
39. 为梦想添加能量	223	M	√			√	
40. 自我想象	227	M				√	√
41. 最佳与最糟状态给你的经验教训	231	H	√			√	
42. 我才是主角	237	H	√				√
43. 内心的力量	243	H	√			√	√
44. 控制欲和赋权	247	H	√	√		√	

推荐阅读

Blanchard, Ken, and MichaelO' Connor. *Managing by Values*. San Francisco: Berrett– Koehler Publishers, 1997.

Canfield, Jack, and Jacqueline Miller. *Heart at Work: Stories and Strategies for Building Self-Esteem and Reawakening the Soul at Work.* New York: Mc Graw–Hill, 1996.

Conger, Jay A. *The Charismatic Leader: Behind the Mystique of Exceptional Leadership.* San Fran–cisco: Jossey–Bass Publishers, 1992.

Cooper, RobertK., and Ayman Sawaf. *Executive EQ: Emotional Intelligence in Leadership and Organizations.* New York: The Berkley Publishing Group, 1997.

Covey, Stephen. *Principle-Centered Leadership.* New York: Summit Books, 1990.

Goleman, Daniel. *Emotional Intelligence: Why It Can Matter More Than IQ.* New York: Bantam Books, 1995.

Goleman, Daniel. *Working with Emotional Intelligence.* New York: Bantam Books, 1998.

Harmon, Frederick G. *Playing for Keeps.* New York: John Wiley & Sons, 1996.

Hawley, Jack. *Reawakening the Spiritin Work.* New York: Simon & Schuster, 1995.

Herman, Stanley M. *The Tao at Work: On Leading and Following.* San Francisco: Jossey–Bass Publishers, 1994.

Jones, Laurie Beth. *Jesus CEO: Using Ancient Wisdom for Visionary Leadership.* New York: Hyperion, 1995.

Kaye, Les. *Zen at Work.* New York: Crown Trade Paperbacks, 1996.

Kelley, Robert E. *How to bea Starat Work.* New York: Times Business, Random

House, 1998.

Kouzes, James, and Barry Posner. *The Leadership Challenge.* San Francisco: Jossey–Bass Publishers, 1987.

Lynn, Adele B. *In Search of Honor: Lessons From Workerson How to Build Trust.* Belle Vernon, Pa.: Bajon House Publishing, 1998.

Salovey, Peter, and John Mayer. *Emotional Development and Emotional In telligence.* New York: Basic Books, 1997.

Sashkin, Marshall. *Becominga Visionary Leader. King of Prussia,* Pa.: Organization Designand Development, 1986.

Sterrett, Emily. *The Manager's Pocket Guide to Emotional Intelligence. Amherst, Mass.:* HRD Press, 2000.

Weisinger, Hendrie. *Emotional Intelligence at Work.* San Francisco: Jossey–Bass Publishers, 1998.